JN069362

長谷川明がカラーポジで撮った 1950年代〜80年代の国鉄情景

東日本編 下巻（東海道・中央・総武）

写真：長谷川 明　解説：牧野和人

「東京-河口湖」と記載したヘッドマークを掲出した70系電車が電車区に留め置かれていた。大月駅から富士急行（現・富士山麓電気鉄道）富士急行線へ入り、同路線の終点河口湖駅まで運転する国鉄民鉄直通列車だ。国鉄列車の富士急乗り入れは昭和初期にまで遡る。1934（昭和9）年には臨時列車「高嶺」が東京駅〜富士吉田駅間に運転された。
◎中央本線　三鷹電車区　1953（昭和28）年11月30日

.....Contents

総武本線が山手線等を跨ぐ秋葉原界隈を進む快速「成田号」。キハ45000（後のキハ17）形等の気動車で編成された３両編成の軽快ないで立ちだ。都内から成田山新勝寺のお膝元である成田駅へ向かう気動車列車は正月の風物詩だった。当時の線路周辺に高い建物等は少なく、ホームからは列車越しに御茶ノ水駅付近の道路橋を望むことができた。
◎総武本線　御茶ノ水～秋葉原　1957（昭和32）年１月

東海道本線の時刻表（1957年10月改正）

次頁へつづく→

下り 東海道本線（東京—豊橋）（其1）

（下　り）（其１）（東海道本線）　特に示すものの他２・３等車

京都 125	熱海 819	大阪 1001	大阪 1	沼津 伊東 821	大阪 11	米原 329	熊本 31	熱海 823	長崎 33	島田 545	京都 127	西鹿児島 35	伊東 715	名古屋 331	沼津 825	大阪 3	修善寺 伊東 ◇801	駅名
8 20	842	8 50	9 00	9 21	9 30	9 46	10 00	1024	10 30	…	10 45	11 00	1122	12 00	1221	12 30	12 55	東京
8 24	845	レ	レ	9 25	レ	9 50	レ	1027	レ	…	10 50	レ	1126	12 04	1225	レ	12 58	新橋
8 31	852	レ	レ	9 31	9 41	9 57	10 11	1035	10 39	…	10 57	11 11	1132	12 11	1231	レ	レ	品川
8 50	910	9 14	9 24	9 49	10 01	10 16	10 31	1055	10 58	…	11 16	11 31	1150	12 30	1249	12 54	13 19	横浜
8 52	917	9 15	9 25	9 51	10 03	10 18	10 33	1104	11 00	…	11 18	11 33	1151	12 32	1250	12 55	13 20	
9 12	943	レ	レ	10 11	10 22	10 38	10 52	1125	11 20	…	11 38	11 52	1209	12 51	1313	レ	レ	大船
9 19	949	レ	123特急	10 17	急行	10 45	急行	1130	急行	…	11 45	急行	1215	12 58	1319	123特急	レ	藤沢
レ	953	特急	（つばめ）	10 22	（なにわ）	レ	（阿蘇）	1134	（雲仙）	…	11 51	（高千穂）	1219	レ	1323	（はと）	準急	辻堂
9 28	958	（さくら）		10 27		10 53		1139		…	11 57		1224	13 06	1328		（伊豆）	茅崎
9 35	1004			10 39		11 00		1144		…	12 09		1236	13 13	1336		電	平塚
レ	1009			10 45		レ		1149		…	レ		1241	レ	1341		レ	大磯
レ	1015			10 51		レ		1155		…	レ		1247	レ	1347		レ	二宮
レ	1021	レ		10 57		レ		1201		…	12 25		1253	13 27	1353		レ	国府津
レ	1025			11 01		レ		1205		…	レ		1257	レ	1357			鴨宮
9 55	1028	レ	展	11 05	10 53	11 19	11 23	1208	11 52	…	12 32	12 23	1301	13 34	1400	展	14 04	小田原
10 10	1029	レ	レ	11 07	10 54	11 27	11 24	1209	11 54	…	12 34	12 24	1303	13 41	1409	レ	14 04	
レ	1033	レ	レ	11 10	レ	レ	レ	1212	レ	…	レ	レ	1306	レ	1412	レ	レ	早川
レ	1038	レ	レ	11 16	レ	レ		1218		…	レ	レ	1312	レ	1418	レ	レ	根府川
レ	1045	レ	レ	11 22				1224		…	レ	レ	1318		1425	レ		真鶴
10 27	1049	レ	レ	11 27	11 11	11 47	レ	1229	レ	…	12 52	レ	1323	13 58	1430	レ	14 21	湯河原
10 34	1055	レ	レ	11 33	11 18	11 54	11 46	1235	12 16	…	12 59	12 46	1329	14 05	1436	13 57	14 26	熱海
10 36	電	レ	レ	11 37	11 19	11 55	11 48	電	12 18	…	13 02	12 47	1331	14 07	1438	13 59	14 31	
10 46	…	レ	レ	11 47	レ	12 05	レ	…	レ	…	13 13	レ	伊東 1400	14 17	1448	レ	レ	函南
10 54	…	レ	レ	11 54	11 35	12 13	レ	…	レ	…	13 20	レ		14 25	1455	レ	14 45	三島
11 01	…	10 34	10 44	12 00	11 41	12 20	12 07	…	12 37	…	13 27	13 06	電	14 32	1501	レ	修善寺 1526 伊東 1454	沼津
11 11	…	10 36	10 46	電	11 46	12 24	12 12	…	12 42	…	13 34	13 11	…	14 38	電	レ	（伊東熱海間 準急 701）	
11 19	…	レ	レ	伊東 1212	レ	12 31	レ	…	レ	…	13 42	レ	…	14 45	…	レ		原
11 26	…	（期日はその都度公示 不定期列車につき運転）	レ	（伊東熱海間 713 3）	レ	12 37	レ	…		…	13 48		…	14 51	…	レ		東田子の浦
11 32	…		レ		レ	12 43	レ	…		…	13 53		…	14 57	…	レ		吉原
11 37	…		レ		12 02	12 48	レ	…	（博多東京間）	準3	13 59	（大分東京間）	…	15 03	…	レ		富士
11 39	…		レ		12 03	12 49	レ	…		1319	14 00		…	15 04	…	レ		
11 45	…		レ		レ	12 55	レ	…		1325	14 05		…	15 09	…	レ		岩淵
11 52	…		レ		レ	13 01	レ	…		1331	14 11		…	15 15	…	レ		蒲原
11 57	…		レ		レ	13 13	レ	…	レ	1342	14 24	レ	…	15 20	…	レ		由比
12 05	…		レ	…	レ	13 21	レ	…	レ	1349	14 32	レ	…	15 27	…	レ	（修善寺熱海間 3）	興津
12 12	…		レ	…	12 25	13 28	12 50	…	13 21	1355	14 40	レ	島田行	15 34	…	レ		清水
12 19	…		レ	…	レ	13 35	レ	…	レ	1402	14 46	レ		15 41	…	レ		草薙
12 27	…		レ	…	12 37	13 42	13 02	…	13 34	1409	14 54	14 01	727	15 48	…	14 58		静岡
12 43	…	レ	レ	…	12 40	13 46	13 05	…	13 37	1412	15 06	14 04	1540	16 00	…	15 00	（欄外記事参照）	
12 51	…	レ	レ	…	レ	13 53	レ	…	レ	1419	15 14	レ	1548	16 08	…	レ		用宗
13 00	…	レ	レ	…	レ	14 02	レ	…	13 50	1426	15 23	レ	1558	16 17	…	レ		焼津
13 09	…	レ	レ	…	レ	14 10	（筑豊本線経由）	…	レ	1432	15 32	（日豊本線経由）	1607	16 26	…	レ		藤枝
13 18	…	レ	レ	…	13 04	14 20		…	レ	1440	15 41		1616	16 35	…	レ		島田
13 26	…	レ	レ	…	レ	14 27		…	レ	電	15 49		…	16 42	…	レ	…	金谷
13 44	…	レ	レ	…	レ	14 47		…	レ	…	16 00		…	16 53	…	レ	…	菊川
13 53	…	レ	レ	…	レ	14 56		…	レ	…	16 09		…	17 02	…	レ	…	掛川
14 03	…	レ	レ	…	レ	15 06	レ	…	レ	…	16 19	レ	…	17 12	…	レ	…	袋井
14 12	…	レ	レ	…	レ	15 15	レ	…	レ	…	16 28	レ	…	17 21	…	レ	…	磐田
14 20	…	レ	レ	…	レ	15 23	レ	…	レ	…	16 36	レ	…	17 29	…	レ	…	天竜川
14 27	…	12 17	12 27	…	13 46	15 29	14 10	…	14 45	…	16 42	15 14	…	17 36	…	レ	…	浜松
14 36	…	12 20	12 30	…	13 51	15 34	14 15	…	14 50	…	16 50	15 19	…	18 00	…	レ	…	
14 42	…	レ	レ	…	レ	15 40	レ	…	レ	…	16 57	レ	…	18 07	…	レ	…	高塚
14 49	…	レ	レ	…	レ	15 47	レ	…	レ	…	17 04	レ	…	18 14	…	レ	…	舞阪
14 54	…	レ	レ	…	レ	15 51	レ	…	レ	…	17 09	レ	…	18 19	…	レ	…	弁天島
15 07	…	レ	レ	…	レ	15 56	レ	…	レ	…	17 22	レ	…	18 24	…	レ	…	新居町
15 12	…	レ	レ	…	レ	16 02	レ	…	レ	…	17 28	レ	…	18 30	…	レ	…	鷲津
15 20		レ	レ	…	レ	16 10	レ	…	レ	…	17 36	レ	…	18 38	…	レ	…	新所原
15 26		レ	レ	…	レ	16 26	レ	…	レ	…	17 43	レ	…	18 45	…	レ	…	二川
15 34	…	レ	レ	…	14 21	16 35	14 47	…	15 24	…	17 51	15 53	…	18 53	…	16 28	…	豊橋
17 17	…	13 41	13 51	…	15 29	18 14	15 52	…	16 34	…	19 34	16 56	…	20 28	…	17 23		名古屋
18 10	…	14 09	14 19	…	16 02	18 57	16 29	…	17 07	…	20 20	17 34	…		…	レ		岐阜
19 17	…	レ	レ	…	16 53	20 16	17 21	…	17 59	…	21 24	18 28	…	…	…	レ	…	米原
20 58	…	15 42	15 52	…	18 05		18 26	…	19 02	…	22 58	19 42	…	…	…	19 22	…	京都
	…	16 20	16 30	…	18 56	…	19 14	…	19 50	…		20 28	…	…	…	20 00	…	大阪
…	…	…	…	…	…	…	10 35	…	12 03	…	…	18 26	…	…	…	…	…	終着

特殊弁当…横浜駅・沼津駅シウマイ（100円）横浜駅シウマイ弁当（100円）大船駅・藤沢駅・国府津駅・小田原駅・熱海駅・沼津駅あじ押ずし（80円）横浜駅・大船駅・国府津駅・小田原駅・熱海駅・沼津駅たいめし（80円）→

◇＝伊東（伊東線）—七〇・七一頁　修善寺（伊豆箱根鉄道）—二九八頁参照
列車指定につき指定の準急券を要します。準急券の発売箇所・発売時間は三六八頁参照

→前頁からつづく

32.10. 1 改正

東京—豊橋

下り 東海道本線(東京—豊橋)(其3)

駅名＼列車番号＼行先	小田原	熱海	大阪	神戸	富士	博多	広島	伊東	◇大阪	宇野	熱海	大阪	鹿児島	姫路	大社 浜田	小田原
	855	**857**	**13**	**15**	**859**	**41**	**21**	**721**	**17**	**23**	**861**	**19**	**43**	**129**	**25**	**863**
東京 発	19 36	19 51	20 00	20 15	20 21	20 30	20 45	20 51	21 00	21 15	21 22	21 30	21 45	21 50	22 15	22 21
新橋 〃	19 40	19 54	レ	レ	20 25	レ	レ	20 55	レ	レ	21 26	レ	レ	21 55	レ	22 25
品川 〃	19 47	20 01	20 11	20 26	20 32	20 41	20 56	21 02	レ	21 26	21 32	21 41	21 56	22 02	22 26	22 32
横浜 着	20 05	20 19	20 31	20 46	20 51	21 01	21 15	21 21	21 31	21 46	21 51	22 01	22 16	22 22	22 46	22 51
横浜 発	20 07	20 21	20 34	20 48	20 52	21 04	21 16	21 23	21 34	21 48	21 53	22 04	22 19	22 25	22 48	22 53
大船 〃	20 27	20 40	20 54	21 07	21 11	21 23	21 37	21 42	レ	22 07	22 13	22 23	22 39	22 45	23 07	23 12
藤沢 〃	20 33	20 46	レ	レ	21 16	レ	レ	21 47	レ	レ	22 18	レ	レ	22 51	レ	23 17
辻堂 〃	20 38	20 50	急行	急行	21 21	急行	急行	21 52	急行	急行	22 23	急行	急行	22 56	急行	23 22
茅ケ崎 〃	20 43	20 56	(明星)	(銀河)	21 25	(筑紫)	(安芸)	21 56	(彗星)	(瀬戸)	22 27	(月光)	(さつま)	23 02	(出雲)	23 26
平塚 〃	20 50	21 03			21 33			22 03			22 35			23 15		23 34
大磯 〃	20 55	21 08	レ	レ	21 38		レ	22 08	レ	レ	22 40	レ		レ	レ	23 39
二宮 〃	21 01	21 14			21 44			22 14	(欄外記事参照)		22 46			レ		23 45
国府津 〃	21 07	21 20			21 49			22 19			22 51			23 31		23 50
鴨宮 〃	21 11	21 24			21 53			22 23			22 55			レ		23 54
小田原 着	21 15	21 28	21 33	21 48	21 57	22 03	22 18	22 27		22 48	22 59	23 04	23 15	23 39	23 46	23 58
小田原 発	(電)	21 29	21 35	21 50	21 58	22 05	22 20	22 29		22 50	23 00	23 06	23 17	23 40	23 48	(電)
早川 〃	(休日土曜運休)	21 32	レ	レ	22 01	レ	レ	22 32	レ	レ	23 03	レ		レ	レ	…
根府川 〃		21 38	C3	ABC3	22 07	AC3	C3	22 38	ABC3	C3	23 09	C3	(東京博多間)	レ	レ	…
真鶴 〃		21 44			22 13			22 44			23 15			レ	レ	…
湯河原 〃		21 49	レ	レ	22 18	レ	レ	22 49	レ	レ	23 20	レ		23 59	レ	…
熱海 着		21 55	22 00	22 15	22 24	22 30	22 45	22 55	23 00	23 15	23 26	23 30	23 45	0 06	0 14	…
熱海 発	…	(電)	22 02	22 17	22 25	22 32	22 47	22 57	23 03	23 17	(電)	23 32	23 47	0 08	0 16	…
函南 〃	…	…	レ	レ	22 35	レ	レ	伊東2324 (電)	レ	レ	…	レ	レ	レ	レ	…
三島 〃	…	…	レ	レ	22 42	レ	レ		レ	レ	…	レ	レ	0 24	レ	…
沼津 着	…	…	22 23	22 38	22 48	22 53	23 08		レ	23 38	…	23 53	0 08	0 31	0 40	…
沼津 発	…	…	22 28	22 43	22 54	22 58	23 13	…	レ	23 43	…	23 58	0 13	0 35	0 45	…
原 〃	…	…	レ	レ	23 00	レ	レ	…	レ	レ	…	レ	レ	レ	レ	…
東田子の浦 〃	…	…	レ	レ	23 05	レ	レ	…	レ	レ	…	レ	C3	レ	C3	…
吉原 〃	…	…	レ	レ	23 10	レ	レ	…	レ	レ	…	レ		0 51		…
富士 着	…	…	22 49	23 02	23 15	レ	レ	…	レ	レ	…	レ	レ	0 57	(東京大阪間)	…
富士 発	…	…	22 50	23 03	(電)	レ	レ	…	レ	レ	…	レ	レ	0 57		…
岩渕 〃	…	…	レ	レ	…	レ	レ	…	レ	レ	…	レ	レ	レ		…
蒲原 〃	…	…	レ	レ	…	レ	レ	…	レ	レ	…	レ	レ	レ		…
由比 〃	…	…	レ	レ	…	レ	レ	…	レ	レ	…	レ	レ	レ	レ	…
興津 〃	…	…	レ	レ	…	レ	レ	…	レ	レ	…	レ	レ	レ	レ	…
清水 〃	…	…	23 18	レ	…	レ	レ	…	レ	レ	…	レ	レ	1 20	レ	…
草薙 〃	…	…	レ	レ	…	レ	レ	…	レ	レ	…	レ	レ	レ	レ	…
静岡 着	…	…	23 32	23 42	…	23 56	0 12	…	0 26	0 42	…	0 57	1 09	1 33	1 44	…
静岡 発	…	…	23 35	23 45	…	23 59	0 15	…	0 30	0 45	…	1 00	1 12	1 38	1 48	…
用宗 〃	…	…	レ	レ	…	レ	レ	…	レ	レ	…	レ	レ	レ	レ	…
焼津 〃	…	…	レ	レ	…	レ	レ	…	レ	レ	…	レ	レ	レ	レ	…
藤枝 〃	…	…	レ	レ	…	レ	(呉線経由)	…	レ	レ	…	レ	レ	レ	(福知山線経由)	…
島田 〃	…	…	レ	レ	…	レ		…	レ	レ	…	レ	レ	レ		…
金谷 〃	…	…	レ	レ	…	レ		…	レ	レ	…	レ	レ	レ		…
菊川 〃	…	…	レ	レ	…	レ	レ	…	レ	レ	…	レ	レ	レ		…
掛川 〃	…	…	レ	レ	…	レ	レ	…	レ	レ	…	レ	レ	レ		…
袋井 〃	…	…	レ	レ	…	レ	レ	…	レ	レ	…	レ	レ	レ	レ	…
磐田 〃	…	…	レ	レ	…	レ	レ	…	レ	レ	…	レ	レ	レ	レ	…
天竜川 〃	…	…	レ	レ	…	レ	レ	…	レ	レ	…	レ	レ	レ	レ	…
浜松 着	…	…	0 55	1 05	…	1 20	1 37	…	レ	2 05	…	2 20	2 40	3 05	3 15	…
浜松 発	…	…	1 00	1 10	…	1 25	1 42	…	レ	2 10	…	2 25	2 45	3 10	3 20	…
高塚 〃	…	…	レ	レ	…	レ	レ	…	レ	レ	…	レ	レ	レ	(浜田2017客車の一部525)	…
舞阪 〃	…	…	レ	レ	…	レ	レ	…	レ	レ	…	レ	レ	レ		…
弁天島 〃	…	…	レ	レ	…	レ	レ	…	レ	レ	…	レ	レ	レ		…
新居町 〃	…	…	レ	レ	…	レ	レ	…	レ	レ	…	レ	レ	レ		…
鷲津 〃	…	…	レ	レ	…	レ	レ	…	レ	レ	…	レ	レ	レ		…
新所原 〃	…	…	レ	レ	…	レ	レ	…	レ	レ	…	レ	レ	レ		…
二川 〃	…	…	レ	レ	…	レ	レ	…	レ	レ	…	レ	レ	レ		…
豊橋 着	…	…	1 38	レ	…	レ	レ	…	レ	2 49	…	レ	レ	3 54	レ	…
名古屋 着	…	…	2 50	3 06	…	3 20	3 35	…	3 47	4 02	…	4 23	4 44	5 29	5 20	…
岐阜 〃	…	…	3 29	3 41	…	3 59	4 10	…	レ	4 42	…	5 02	5 23	6 21	5 59	…
米原 〃	…	…	4 27	4 42	…	4 58	5 08	…	レ	5 44	…	6 07	6 27	7 42	7 03	…
京都 〃	…	…	5 35	5 55	…	6 12	6 23	…	6 43	7 04	…	7 24	7 38	9 37	8 27	…
大阪 〃	…	…	6 30	6 41	…	7 00	7 08	…	7 28	7 50	…	8 10	8 30	10 27	9 16	…
終着	…	…	…	7 30	…	19 45	14 39	…	◇	12 03	…	…	5 46	12 58	18 30	…

◇=この列車の三等は指定の急行券を要します

名産…横浜駅 亀楽せんべい、蒲ぼこ、梅干、小梅干、甘露梅(各100円) 熱海駅・三島駅・沼津駅 わさび漬(50円) 鯛味噌(50円) 沼津駅・熱海駅栗せんべい(100円) 沼津駅 桃羊かん(50円) 茶せんべい・千本(各100円) →

中央本線の時刻表(1957年10月改正)

下り　中央本線・篠ノ井線（新宿—長野）

難読駅…：四方津（しおつ）初鹿野（はじかの）日下部（くさかべ）石和（いさわ）麻績（おみ）冠着（かむりき）

32.10. 1 改 正　　新 宿 —— 塩 尻 ——

粁程 東京から	駅名	明科 215	韮崎 211	長野 511	韮崎 213	塩尻 431	甲府 311	甲府 531	大月 533	長野 411	松本 405	長野 805	甲府 315	塩尻 433	甲府 317	甲府 535	長野 413
6.2	新宿 発	…	…	…	…	…	…	…	…	6 30	8 10	…	…	…	…		1020
33.4	立川 〃	…	…	…	…	…	…	…	…	7 06	8 41	…	…	…	…	2等	1056
43.3	八王子 着	…	…	…	…	…	…	…	…	7 20	8 52	…	…	…	…	(新宿	1110
	八王子 発	…	本表の他			457	…	…	⧖	7 22	8 54	…	…	…	…	甲府	1113
49.0	浅川 〃	…	新宿一浅川			506	…	549	701	7 31	レ	…	…	9 30	…	間)	1122
58.5	相模湖 〃	…	74頁			520	…	605	719	7 47	2等	…	…	9 46	…		1136
62.2	藤野 〃	…	篠井一長野			525	…	613	725	7 53	準急	…	…	9 52	…	…	1143
65.7	上野原 〃	…	228. 229頁			530	…	618	730	7 59	(穂	…	…	9 57	…	…	1148
69.9	四方津 〃	…	参照			537	…	626	737	8 06	高)	…	…	10 03	…	…	1156
73.5	梁川 〃	…				543	…	633	745	8 12		…	…	10 10	…	…	1202
77.1	鳥沢 〃	…				551	…	639	755	8 18	レ	…	…	10 17	…	…	1208
81.2	猿橋 〃	…				557	…	645	801	8 24	レ	…	…	10 23	…	…	1214
83.7	大月 着	…				601	…	649	805	8 28	9 46	…	…	10 27	…	…	1218
	大月 発	…	…	…	…	605	…	650	…	8 32	9 47	…	…	10 29	…	1133	1221
89.8	初狩 〃	…	…	…	…	615	…	700	…	8 45	レ	…	…	10 39	…	1143	1231
96.3	笹子 〃	…	…	…	…	631	…	716	…	9 01	レ	…	…	10 55	…	1159	1247
102.4	初鹿野 〃	…	…	…	…	640	…	725	313	9 09	レ	…	…	11 07	…	1208	1256
108.4	勝沼 〃	…	…	…	…	650	電	735	電	9 19	レ	…	電	11 17	電	1218	1308
112.8	塩山 〃	…	…	…	…	656	713	744	852	9 26	10 26	…	10 06	11 25	1155	1224	1315
116.0	東山梨 〃	…	…	…	…	レ	717	レ	856	レ	レ	…	10 10	レ	1159	レ	レ
118.1	日下部 〃	…	…	…	…	703	721	753	859	9 33	10 33	…	10 13	11 33	1202	1231	1322
120.9	別田 〃	…	…	…	…	レ	725	レ	903	レ	レ	…	10 17	レ	1206	レ	2等
123.7	石和 〃	…	…	…	…	711	732	801	907	9 40	レ	…	10 21	11 41	1210	1241	1331
127.1	酒折 〃	…	…	…	…	716	739	806	911	9 45	レ	…	10 25	11 47	1214	1246	1336
130.0	甲府 着	…	気	…	気	721	743	811	915	9 50	10 47	…	10 29	11 52	1218	1250	1340
	甲府 発	…	521	…	630	727	…	*840	*938	9 56	10 53	…	11*26	12 07	…	1437	1353
134.5	竜王 〃	…	528	…	642	735	…	847	947	10 03	レ	…	11 33	12 15	…	1444	1400
138.6	塩崎 〃	…	535	…	649	743	…	854	955	10 12	レ	…	11 40	12 23	…	1451	1409
142.9	韮崎 〃	…	542	…	656	757	…	901	1001	10 20	11 11	…	11 47	12 32	…	1458	1419
…	新府 〃	…		…		812	…	(	(	レ	レ	…	(	レ	…	(	レ
150.6	穴山 〃	…	…	…	…	825	…	甲韮	甲韮	10 45	レ	…	甲韮	12 56	…	甲韮	1443
156.0	日野春 〃	…	…	…	…	840	…	府崎	府崎	10 59	レ	…	府崎	13 16	…	府崎	1457
162.2	長坂 〃	…	…	…	…	857	…	間	間	11 16	レ	…	間	13 36	…	間	1514
169.6	小淵沢 着	…	…	…	…	914	…	215	217	11 34	レ	…	219	13 53	…	221	1531
	小淵沢 発	…	…	659	…	915	…	気)	気)	11 34	レ	…	気)	13 53	…	気)	1532
174.1	信濃境 〃	…	…	706	…	922	…	…	…	11 41	レ	…	…	14 00	…	…	1541
179.0	富士見 〃	…	…	716	辰	930	…	…	…	11 50	レ	…	…	14 09	…	…	1549
184.1	青柳 〃	…	…	725	野	937	…	…	…	11 57	レ	…	…	14 16	…	…	1556
191.3	茅野 〃	…	…	737	行	947	…	…	…	12 06	12 28	…	…	14 25	…	…	1606
198.0	上諏訪 着	…	…	746	513	956	…	…	…	12 15	12 37	…	515	14 34	…	…	1615
	上諏訪 発	…	…	759	855	1000	長	…	…	12 19	12 40	…	13 37	14 41	長	…	1621
202.4	下諏訪 〃	…	…	807	905	1009	野	…	…	12 26	12 47	…	13 47	14 51	野	…	1631
206.5	岡谷 〃	…	松	815	915	1016	行	…	…	12 33	12 53	…	14 00	14 59	行	…	1640
210.0	川岸 〃	…	本	821	923	1022	811	…	…	12 39	レ	…	14 09	15 05	813	…	1648
216.0	辰野 着	…	行	829	935	1030	2等	…	…	12 47	13 05	…	14 21	15 13	2等	…	1656
	辰野 発	…	841	833	…	1033	名	明	…	12 50	13 07	名	…	15 21	名	…	1704
220.3	信濃川島 〃	…	上	841	…	1041	古	科	…	12 58	レ	古	…	15 29	古	…	1712
224.3	小野 〃	…	松	848	…	1048	屋	行	…	13 05	レ	屋	…	15 36	屋	…	1719
…	東塩尻 〃	…	発 6 15	レ	219	レ	発 5 40	221	…	レ	レ	発 10 00	…	15 55	発 11 17	…	レ
233.7	塩尻 着	気	741	903	気	1102	1109	気	…	13 19	13 30	13 50	…	16 02	1625	…	1734
	塩尻 発	704	751	913	1011	…	1121	1236	…	14 10	13 32	13 56	…	…	1648	(名古屋着	1807
238.0	広丘 〃	710	758	919	1017	…	1128	1242	…	14 17	レ	レ	…	…	1655	22 57	1813
241.0	村井 〃	715	803	924	1022	…	1132	1247	…	14 27	レ	2等	…	…	1703	客車の	1818
245.1	南松本 〃	720	809	930	1027	…	1138	1252	…	14 33	レ	準急	223	225	1709	一部	1823
247.5	松本 着	724	813	934	1031	…	1142	1256	…	14 37	13 48	14 11	気	気	1713		1827
	松本 発	725	…	952	1032	…	1148	1316	…	14 55	…	14 15	15 30	16 25	1725		1840
255.8	田沢 〃	734	…	1002	1041	…	1158	1329	…	15 10	…	レ	15 40	16 34	1736		1850
262.4	明科 〃	742	…	1011	1049	…	1206	1336	…	15 19	…	(しな	15 47	16 42	1745		1900
272.1	西条 〃		…	1029		…	1225		…	15 38	…	の)			1805	828)	1920
275.8	坂北 〃	…	…	1035	…	…	1230	…	…	15 44	…		…	…	1811	…	1925
279.9	麻績 〃	…	…	1041	…	…	1236	…	…	15 50	…		…	…	1817	…	1931
283.2	冠着 〃	…	…	1048	…	…	1243	…	…	15 57	…	レ	…	…	1825	…	1938
289.1	姨捨 〃	…	…	1056	…	…	1251	…	…	16 05	…	レ	…	…	1833	…	1947
297.8	稲荷山 〃	…	…	1110	…	…	1306	…	…	16 17	…	レ	…	…	1846	…	1959
301.6	篠ノ井 〃	…	…	1116	…	…	1314	…	…	16 24	…	15 21	…	…	1852	…	2006
305.9	川中島 〃	…	…	1123	…	…	1321	…	…	16 30	…	レ	…	…	1859	…	2013
310.9	長野 着	…	…	1130	…	…	1328	…	…	16 37	…	15 32	…	…	1906	…	2020

乗換案内 … 青梅線186頁．五日市線187頁．南武線76頁．八高線191頁．横浜線73頁．身延線78頁．小海線190頁
飯田線80頁．中央本線（塩尻－名古屋）187頁．大糸線181頁．信越本線下り228頁上り230頁．飯山線219頁

長野 (下り) (中央本線・篠ノ井線)

下り 中央本線・篠ノ井線(新宿—長野)

東京発1628(休日1620)

駅名	松本	松本	甲府	長野	辰野	甲府	松本	甲府	河口湖(電)	上諏訪	甲府	大月	甲府	大月	長野	松本	長野			
	415	407	319	417	435	321	419	1693	1691	437	445	3537	447	537	409	1409	421			
新宿	1132	1225	…	1305	1400		1530	1625	1645	1710	18 15	…	2012	…	22 45	2300	23 55	…	…	…
立川	1208	1255	…	1339	1434	2.3	1609	1701	1724	1748	18 53	…	2048	…	23 19	レ	0 40	…	…	…
	1222	1306	…	1352	1448	(新宿辰野間)	1623	1711	1737	1802	19 06	…	2102	…	23 30	2.3	0 54	…	…	…
八王子	1224	1308	…	1355	1449		1626	1713	1738	1804	19 11	2015	2106	2215	23 32	準急	1 00	…	…	…
浅川	1233	レ		1404	1458		1635	1722	1746	1813	19 21	2024	2115	2230	レ	レ	1 09	…	…	…
相模湖	1247	2.3	2.3	1418	1512		1649	1734	1759	1827	19 41	2044	2129	2244	2.3	レ	1 24	…	…	…
藤野	1252	準急	(新宿松本間)	1426	1521	…	1655	1741	1805	1833	19 46	2050	2134	2250	準急	(期日はその都度公示不定期列車につき運転)	1 29	…	…	…
上野原	1257	(白馬)		1431	1531	…	1701	1747	1811	1838	19 51	2059	2140	2255	(アルプス)		1 35	…	…	…
四方津	1304			1437	1538	…	1707	1757	1818	1845	19 58	2106	2146	2302			1 41	…	…	…
梁川	1310			1444	1544	…	1714	レ	1824	1851	20 04	2113	2153	2309			1 48	…	…	…
鳥沢	1316	レ	…	1449	1550	…	1719	1808	1829	1857	20 10	2122	2158	2315			1 53	…	…	…
猿橋	1322	レ	…	1459	1557	…	1725	レ	1836	1918	20 18	2128	2204	2321			2 00	…	…	…
	1326	1400	…	1503	1601	…	1729	1817	1840	1922	20 22	2132	2208	2325	0 25		2 04	…	…	…
大月	1328	1401	…	1504	1607	…	1737	1819	1844	1923	20 23	…	2210	…	0 26		2 10	…	…	…
初狩	1341	レ	…	1514	1618	…	1748	レ	河口湖19 42	1934	20 34	甲府行	2220	…	レ		2 20	…	…	…
笹子	1357	レ	…	1530	1634	…	1804	レ		1950	20 54		2240	…			2 36	…	…	…
初鹿野	1407	1431	…	1540	1642	…	1822	1846		1958	21 02		2248	…			2 45	…	…	…
勝沼	1422	レ	(電)	1550	1654	(電)	1837	1856	323	2008	21 12	325	2258	…	レ		2 59	…	…	…
塩山	1428	1444	15 16	1556	1702	17 42	1843	1902	1924	2017	21 19	2211	2306	…	1 08	レ	3 06	…	…	…
東山梨	2.3	レ	15 20	レ	レ	17 46	レ	レ	1928	レ	レ	2215	レ	…	レ	レ	レ	…	…	…
日下部	1435	1451	15 23	1603	1709	17 52	1850	1909	1931	2024	21 26	2218	2313	…	1 15	レ	3 14	…	…	…
別田	レ	レ	15 27	レ	レ	17 56	レ	レ	1935	レ	レ	2222	2.3	…	レ	レ	2.3	…	…	…
石和	1443	レ	15 31	1611	1717	18 00	1858	1916	1939	2031	21 33	2226	2320	…	レ	レ	3 22	…	…	…
酒折	1449	レ	15 35	1617	1722	18 09	1903	1920	1944	2036	21 38	2231	2325	…	レ	レ	3 27	…	…	…
	1453	1504	15 39	1621	1727	18 13	1908	1924	1948	2041	21 43	2235	2330	…	1 29	141	3 31	…	…	…
甲府	1522	1509	15*52	1628	1742	18*41	1928	(電)	(電)	2048	22*12	(電)	…	…	1 36	202	3 44	…	…	…
竜王	1530	レ	16 03	1636	1755	18 48	1936	…	…	2055	22 19	…	…	…	準急	レ	3 52	…	…	…
塩崎	1539	レ	16 10	1645	1804	18 56	1945	…		2104	22 26	…	…	…	(新宿松本間)	レ	4 00	…	…	…
韮崎	1547	1528	16 17	1655	1814	19 03	1953	…	2.3	2113	22 33	…	…	…		222	4 10	…	…	…
新府	レ	レ	(甲府韮崎間)	1711	1829	(甲府韮崎間)	2009	…	(新宿甲府間)	レ	(甲府韮崎間)	…	…	…		レ	レ	…	…	…
穴山	1613	レ		1737	1842		2022	…		2137		…	…	…		レ	4 34	…	…	…
日野春	1627	レ		1751	1902		2037	…		2151		…	…	…	2 24	257	4 49	…	…	…
長坂	1644	レ		1808	1920		2054	…		2208		…	…	…	レ	レ	5 07	…	…	…
	1701	1619	223	1826	1936	225	2112	…	…	2225	227	…	…	…	2 54	327	5 24	…	…	…
小淵沢	1701	1619	(気)	1826	1937	(気)	2113	…	…	2225	(気)	…	…	…	2 55	327	5 26	…	…	…
信濃境	1713	レ	…	1834	1945	…	2120	…	…	2232	…	…	…	…	レ	レ	5 33	…	…	…
富士見	1722	1633	…	1843	1956	…	2128	…	…	2248	…	…	…	…	レ	レ	5 41	…	…	…
青柳	1729	レ	…	1850	2003	…	2135	…	…	2258	…	…	…	…	レ	レ	5 49	…	…	…
茅野	1738	1648	…	1900	2012	…	2145	…	…	2307	…	…	…	…	3 23	355	5 59	…	…	…
	1747	1656	…	1909	2021	…	2154	…	…	2316	…	…	…	…	3 32	404	6 08	…	…	…
上諏訪	1756	1701	…	1917	2027	(名古屋着538客車の一部)	2200	…	…	…	…	…	…	…	3 36	408	6 16	…	…	…
下諏訪	1806	1707	…	1925	2035		2208	…	…	…	長野行	長野行	…	…	3 44	415	6 24	…	…	…
岡谷	1815	1714	…	1933	2042		2215	…	…	…			…	…	3 52	422	6 32	…	…	…
川岸	1823	レ	…	1939	2048		2221	…	…	…			…	…	レ	レ	6 38	…	…	…
	1831	1725	…	1946	2056		2229	…	…	…	807	809	…	…	4 04	434	6 45	…	…	…
辰野	1846	1727	松本行	1950	…		2233	松本行	…	…	名古屋発22 40	名古屋発23 35	明科行	…	4 10	435	6 49	…	…	…
川島	1854	レ		レ	…	準急	レ		…	…				…	レ	レ	6 57	…	…	…
小野	1901	レ		2003	…	808	2245		…	…				…	レ	レ	7 08	…	…	…
東塩尻	1920	レ	227	レ	…		レ	233	…	…			213	…	レ	レ	7 20	…	…	…
	1927	1750	(気)	2017	…	↰	2300	(気)	…	…	3 22	426	(気)	…	4 35	501	7 27	…	…	…
塩尻	1936	1754	18 58	2028	…	…	2308	2212	…	…	3 31	431	531	…	4 41	504	7 34	…	…	…
広丘	1942	レ	19 04	2035	…	…	2314	2218	…	…	レ	レ	537	…	レ	レ	7 41	…	…	…
村井	1947	レ	19 08	2041	…	…	2324	2222	…	…	2.3	2.3	541	…	レ	レ	7 46	…	…	…
南松本	1953	レ	19 14	2046	229	231	2330	2228	…	…	準急	準急	547	…	レ	レ	7 53	…	…	…
	1957	1810	19 17	2050	(気)	(気)	2334	2231	…	…	3 47	447	550	…	4 57	521	7 57	…	…	…
松本	…	(小淵沢は10月31日まで富士見停車)	…	2102	2002	21 42	…	…	…	…	3 54	500	553	…	6 15	…	8 20	…	…	…
田沢	2.3		…	2112	2012	21 51	…	…	…	…	レ	レ	603	…	6 25	…	8 30	…	…	…
明科	(新宿甲府間)		…	2120	2020	21 59	…	…	…	…	レ		610	…	6 33	…	8 39	…	…	…
西条			…	2137			…	…	…	…	レ			…	6 52	…	8 59	…	…	…
坂北			…	2143	·	…	…	…	…	…	レ	レ	…		6 58	…	9 04	…	…	…
麻績			…	2150	…	…	…	…	…	…	レ	レ	…	(長野松本間)	7 04	…	9 10	…	…	…
冠着	…		…	2157	…	…	…	…	…	…	レ	レ	…		7 13	…	9 17	…	…	…
姨捨	…		…	2212	…	…	…	…	…	…	レ	レ	…		7 21	…	9 27	…	…	…
稲荷山	…		…	2224	…	…	…	…	…	…	レ	レ	…	619	7 35	…	9 39	…	…	…
篠ノ井	…		…	2231	…	…	…	…	…	…	5 01	609	…	2.3	7 43	…	9 46	…	…	…
川中島	…	…	…	2238	…	…	…	…	…	…	レ	レ	…		7 51	…	9 53	…	…	…
長野	…	…	…	2245	…	…	…	…	…	…	5 12	620	…	…	7 58	…	10 00	…	…	…

特殊弁当 … 塩尻駅親子めし(100円). 上諏訪駅うなぎめし(100円)
ふなめし(100円 6. 7. 9.10.11月)

ホームのそば立食駅 … 上諏訪 塩尻 松本 長野

国鉄電車区間の時刻表(1957年４月改正)

国鉄電車(東北線・京浜線・中央線)　◎太字で表示された粁程区間の通勤・通学定期運賃を計算する場合には353頁参照

32. 4.15 改正　**大宮—東京—桜木町** ㊐(東北・京浜線)田端品川山手線次頁参照

初電				終電			粁程	駅名	初電				終電		
…	…	…	412	2357	016	034	0.0	発⊖大宮着	450	515	529	549	125	…	…
…	…	…	415	2400	019	036	2.7	〃与野発	447	512	526	544	122	…	…
…	…	…	417	002	021	038	4.3	〃北浦和〃	445	510	524	542	120	…	…
…	…	…	420	005	024	041	6.1	〃浦和〃	443	507	521	539	117	…	…
…	…	…	424	009	028	045	10.6	〃蕨〃	439	503	517	535	113	…	…
…	…	…	426	012	031	047	12.5	〃西川口〃	436	500	514	532	110	…	…
…	…	…	429	015	033	050	14.5	〃川口〃	433	458	512	530	107		…
…	…	416	432	018	037	055	17.1	〃⊖赤羽〃	430	454	508	526	104	120	…
…	…	418	435	021	040	058	18.9	〃東十条〃	427	452	506	522	101	117	…
…	…	421	438	024	042	100	20.4	〃王子〃	425	449	503	520	059	115	…
…	…	423	439	026	044	102	21.5	〃上中里〃	423	447	501	518	057	113	…
…	…	425	442	030	047	108	23.2	〃⊖田端〃	420	445	459	516	054	110	…
…	…	428	444	032	049	111	23.9	〃日暮里〃	414	443	456	514	052	108	…
…	…	430	446	035	051	112	24.6	〃鶯谷〃	412	441	454	512	050	106	…
…	415	432	448	037	053	114	25.3	〃⊖上野〃	410	438	452	510	048	104	…
…	417	434	450	039	055	…	25.9	〃御徒町〃	…	436	450	508	046	102	…
…	418	435	454	043	057	…	26.2	〃⊖秋葉原〃	…	435	449	506	044	100	…
…	420	437	456	045	059	…	26.6	〃神田〃	…	433	447	504	041	058	…
…	422	442	501	049	101	…	27.4	〃⊖東京〃	…	431	445	502	039	056	…
…	424	444	503	051	103	…	27.9	〃有楽町〃	…	429	443	500	037	054	…
…	426	446	505	053	105	…	28.6	〃⊖新橋〃	…	427	441	458	035	052	…
…	428	448	508	055	107	…	29.3	〃浜松町〃	…	425	439	456	033	050	…
…	430	450	510	058	110	…	30.2	〃田町〃	…	422	436	454	030	048	…
…	438	456	517	100	113	…	31.5	〃⊖品川〃	…	419	433	450	027	045	…
…	441	459	520	104	116	…	33.9	〃大井町〃	…	416	429	444	021	040	…
…	443	501	522	106	118	…	36.1	〃⊖大森〃	…	413	426	441	019	038	
410	446	505	525	109	121	…	39.1	〃⊖蒲田〃	…	410	423	438	015	035	111
414	451	509	530	114	…	…	42.9	〃⊖川崎〃	…	…	418	430	011	030	106
417	454	513	533	118	…	…	46.4	〃⊖鶴見〃	…	…	415	427	007	027	103
421	458	517	537	122	…	…	49.5	〃新子安〃	…	…	…	423	003	023	059
424	500	519	540	124	…	…	51.7	〃⊖東神奈川〃	…	…	…	420	2400	020	056
426	503	522	542	127	…	…	53.5	〃⊖横浜〃	…	…	…	418	2357	017	054
429	506	525	545	130	…	…	55.5	着桜木町発	…	…	…	415	2354	009	051

運転間隔
赤羽—大宮　5—10分毎
蒲田—赤羽　3—6分毎
桜木町—蒲田　4—10分毎
(早朝及夜半は運転間隔延長)

32. 4.15 改正　**東　京—浅　川—東京競馬場前** ㊐(中央線)

初電		終電			粁程	駅名	初電				終電		急行
…	415	004	029	058	0.0	発⊖東京着	439	456	517	547	108	…	724
…	417	006	031	100	0.8	〃神田発	436	454	515	544	106	…	721
…	419	008	033	102	1.6	〃⊖御茶ノ水〃	434	451	513	542	104	…	718
…	422	011	036	105	2.1	〃水道橋〃	432	449	510	540	101	…	レ
…	424	013	037	107	2.6	〃飯田橋〃	430	447	509	538	059	…	レ
…	426	015	040	109	3.5	〃市ケ谷〃	428	445	507	536	057	…	レ
…	428	017	041	111	4.0	〃四ツ谷〃	426	443	505	534	055	…	712
…	430	019	044	113	4.8	〃信濃町〃	424	441	503	532	053	…	レ
…	432	021	046	115	5.2	〃千駄ケ谷〃	422	439	501	530	051	…	レ
…	433	023	048	117	5.8	〃代々木〃	420	437	459	528	049	…	レ
…	436	026	050	119	6.2	〃⊖新宿〃	419	436	457	527	048	…	707
…	438	028	052	121	7.6	〃大久保〃	414	433	454	522	044	…	レ
…	441	030	054	123	8.7	〃東中野〃	412	431	452	520	042		レ
…	443	033	057	126	10.6	〃⊖中野〃	410	428	449	518	040	125	701
…	445	035	059	129	12.0	〃高円寺〃	…	426	447	515	037	122	658
…	448	038	102	131	13.2	〃阿佐ケ谷〃	…	423	444	513	035	120	656
410	450	040	104	133	14.6	〃荻窪〃	…	421	442	510	032	118	653
412	453	043	107	136	16.5	〃西荻窪〃	…	418	439	508	030	115	650
415	456	046	110	139	18.4	〃⊖吉祥寺〃	…	415	437	505	027	112	647
418	458	048	112	142	20.0	〃三鷹〃	…	413	434	502	024	110	644
420	501	051	115		21.6	〃武蔵境〃	…	…	432	500	022	107	639
424	505	055	119	…	25.0	〃武蔵小金井〃	…	…	427	456	018	103	636
427	508	058	122	…	27.3	〃国分寺〃	…	…	425	453	015	100	633
431	512	102	126	…	30.4	〃国立〃	…	…	421	449	011	056	628
435	516	106	130	…	33.4	〃⊖立川〃	…	…	417	445	007	053	625
439	520	110		…	36.7	〃日野〃	…	…	…	440	003	048	620
442	523	113	…	…	39.0	〃⊖豊田〃	…	…	…	437	2400	045	617
449	528	118	…	…	43.3	〃⊖八王子〃	…	…	…	432	2355	040	612
453	532	122	…	…	45.7	〃西八王子〃	…	…	…	429	2351	037	608
457	536	126	…	…	49.0	着浅川発	…	…	…	425	2347	033	605

急行電車(除休日)
(急行料金不要)
運転時間
東京—中野
所要時分21分
東京発
717—924
1619—1905
中野発
701—930
1559—1817
約3分毎運転

停車駅
神田．御茶ノ水．
四ツ谷．新宿
急行電車運転中は東京発着電車は全部急行となり，総武線電車が御茶ノ水—中野延長運転します

運転間隔
東京—中野約５分
中野—三鷹〃６〃
三鷹—立川〃10〃
立川—浅川〃20〃
但し朝夕混雑時には間隔を短縮し早朝及夜半には運転間隔を延長します

			初電	終電	粁程	駅名	初電	終電	運転間隔			
…	…	…	6 09	22 32	0.0	発国分寺着	6 38	23 05	約30分—60分	…	…	…
…	…	…	6 15	22 38	3.3	〃北府中発	6 33	22 59		…	…	…
…	…	…	6 22	22 44	5.6	着東京競馬場前発	6 26	22 52		…	…	…

難読駅 … 日暮里(にっぽり)　御徒町(おかちまち)

国鉄電車（山手線・総武線・常磐線）

◎太字で表示された粁程区間の通勤・通学定期運賃を計算する場合には353頁参照

品川—新宿—池袋—上野—東京—品川 ㊇（山手線）
池袋——赤羽

32．4.15 改正　　田端—品川　京浜・東北線前頁参照

外廻り 初電				外廻り 終電			粁程	駅名	内廻り 初電			内廻り 終電		
…	…	…	4 15	24 00	0 28	0 45	**0.0**	発⊖品川着	4 36	4 54	5 15	1 06	…	…
…	…	…	4 18	0 03	0 31	0 49	**1.2**	〃 大崎発	4 34	4 51	5 12	1 03	…	…
…	…	…	4 20	0 05	0 33	0 50	**1.7**	〃 五反田〃	4 32	4 49	5 10	1 01	…	…
…	…	…	4 22	0 07	0 35	0 52	**2.4**	〃 目黒〃	4 30	4 47	5 08	0 59		…
…	…	4 10	4 24	0 09	0 37	0 55	**3.3**	〃 恵比寿〃	4 27	4 45	5 06	0 56	1 26	…
…	…	4 12	4 27	0 15	0 40	0 58	**4.3**	〃 渋谷〃	4 25	4 42	5 03	0 54	1 24	…
…	…	4 15	4 29	0 18	0 42	1 00	**5.0**	〃 原宿〃	4 22	4 40	5 01	0 51	1 21	…
…	…	4 17	4 31	0 20	0 45	1 02	**5.9**	〃 代々木〃	4 20	4 37	4 59	0 49	1 19	…
…	…	4 19	4 37	0 26	0 50	1 04	**6.3**	〃⊖新宿〃	4 18	4 35	4 57	0 47	1 17	…
…	…	4 21	4 39	0 28	0 52	1 06	**7.0**	〃 新大久保〃	4 16	4 32	4 54	0 45	1 12	…
…	…	4 23	4 42	0 31	0 54	1 09	**7.8**	〃 高田馬場〃	4 14	4 30	4 52	0 42	1 10	…
…	…	4 25	4 44	0 32	0 56	1 11	**8.3**	〃 目白〃	4 12	4 28	4 50	0 41	1 08	…
…	4 10	4 28	4 47	0 34	0 58	1 13	**9.0**	発 池袋発	4 10	4 26	4 48	0 39	1 06	…
…		4*28	4*55	0*45		1*14	0.0	発 池袋着	…		4*46	0*34	1*05	1 33
…		4 30	4 58	0 47		1 16	1.8	〃 板橋発	…		4 43	0 31	1 02	1 30
…		4 33	5 01	0 51		1 19	3.5	〃 十条〃	…		4 40	0 28	0 59	1 27
…		4 36	5 03	0 53		1 22	5.5	着⊖赤羽発	…		4 38	0 26	0 57	1 25
…	4 13	4 31	4 50	0 37	1 01	…	**10.0**	発 大塚発	…	4 23	4 44	0 35	1 01	…
…	4 15	4 33	4 52	0 39	1 03	…	**10.6**	〃 巣鴨〃	…	4 21	4 42	0 33	0 59	…
…	4 17	4 35	4 54	0 41	1 05	…	**11.0**	〃 駒込〃	…	4 19	4 40	0 32	0 57	…
…	4 19	4 37	4 56	0 43	1 07	…	**12.0**	〃⊖田端〃	…	4 17	4 38	0 29	0 55	…
…	4 21	4 40	4 59	0 46		…	**12.7**	〃 日暮里〃	…	…	4 35	0 25	0 48	…
…	4 23	4 41	5 01	0 48	…	…	**13.4**	〃 鶯谷〃	…	…	4 33	0 26	0 46	…
…	4 26	4 44	5 03	0 50	…	…	**14.1**	〃⊖上野〃	…	…	4 31	0 24	0 44	…
…	4 27	4 45	5 05	0 52	…	…	**14.4**	〃 御徒町〃	…	…	4 29	0 22	0 42	…
…	4 29	4 47	5 07	0 54	…	…	**15.0**	〃⊖秋葉原〃	…	…	4 27	0 18	0 40	…
…	4 31	4 49	5 08	0 55	…	…	**15.4**	〃 神田〃	…	…	4 26	0 16	0 38	…
…	4 35	4 51	5 10	0 57	…	…	**16.2**	〃⊖東京〃	…	…	4 24	0 14	0 36	…
…	4 36	4 53	5 13	1 00	…	…	**16.7**	〃 有楽町〃	…	…	4 22	0 12	0 34	…
…	4 39	4 55	5 15	1 02	…	…	**17.4**	〃⊖新橋〃	…	…	4 19	0 10	0 32	…
…	4 41	4 57	5 17	1 04	…	…	**18.1**	〃 浜松町〃	…	…	4 17	0 08	0 30	…
…	4 43	5 00	5 19	1 06	…	…	**19.0**	〃 田町〃	…	…	4 15	0 05	0 28	…
…	4 46	5 02	5 22	1 09	…	…	**20.3**	着⊖品川発	…	…	4 12	0 02	0 25	…

運転間隔 {山手循環3—6分毎 / 池袋赤羽6—10分毎} 早朝夜半は運転間隔延長

御茶ノ水——千葉（総武線）㊇

32・4・15改正

初電			終電			粁程	駅名	初電			終電	
…	…	4 17	0 41	0 59	106	0.0	発 御茶ノ水着	4 28	4 54	5 10	0 57	…
…	…	4 19	0 44	1 01	108	0.9	〃⊖秋葉原発	4 26	4 52	5 08	0 55	…
…	…	4 21	0 46	1 03	110	2.0	〃 浅草橋〃	4 24	4 50	5 06	0 53	…
…	4 06	4 23	0 48	1 05	112	2.8	〃⊖両国〃	4 22	4 48	5 04	0 51	…
…	4 08	4 25	0 50	1 08		4.3	〃 錦糸町〃	4 20	4 45	5 01	0 48	…
…	4 11	4 27	0 53	1 10	…	5.8	〃 亀戸〃	4 17	4 43	4 59	0 46	…
…	4 13	4 30	0 55	1 12	…	7.7	〃 平井〃	4 15	4 40	4 56	0 43	…
…	4 16	4 33	0 58	1 15	…	9.5	〃 新小岩〃	4 12	4 37	4 53	0 40	…
…	4 20	4 36	1 01	1 19	…	12.3	〃 小岩〃	4 08	4 34	4 50	0 37	…
…	4 23	4 40	1 05	1 22	…	14.9	〃 市川〃	4 05	4 30	4 46	0 33	…
…	4 26	4 43	1 08	1 25	…	16.9	〃 本八幡〃	…	4 27	4 43	0 30	…
…	4 28	4 45	1 10	1 27	…	18.5	〃 下総中山〃	…	4 25	4 41	0 28	…
…	4 33	4 50	1 15	1 32	…	22.7	〃 船橋〃	…	4 20	4 36	0 25	
4 15	4 37	4 54	1 19	1 36	…	26.2	〃 津田沼〃	…	4 16	4 32	0 19	1 23
4 20	4 42	4 59	1 24		…	31.1	〃 幕張〃	…	…	4 27	0 14	1 18
4 22	4 45	5 01	1 27	…	…	32.7	〃 新検見川〃	…	…	4 24	0 11	1 15
4 25	4 48	5 04	1 30	…	…	35.4	〃 稲毛〃	…	…	4 21	0 08	1 12
4 28	4 50	5 07	1 33	…	…	37.3	〃 西千葉〃	…	…	4 18	0 05	1 09
4 31	4 53	5 10	1 35	…	…	39.4	着⊖千葉発	…	…	4 16	0 03	1 07

運転間隔 {御茶ノ水—船橋3—15分毎} {船橋—千葉5—20分毎} 早朝夜半運転間隔延長

中央線急行電車運転中は中野まで直通運転します 52頁中央線電車参照

上野——取手 ㊇（常磐線）

32・4・15改正

初電		終電		粁程	駅名	初電		終電	
…	4 20	0 15	0 48	0.0	発⊖上野着	4 39	5 22	0 33	…
…	4 23	0 18	0 51	1.4	〃 日暮里発	4 36	5 19	0 30	…
…	4 25	0 20	0 53	2.6	〃 三河島〃	4 33	5 16	0 27	…
…	4 29	0 24	0 57	4.8	〃 南千住〃	4 30	5 13	0 23	…
…	4 31	0 27	1 00	6.6	〃⊖北千住〃	4 27	5 10	0 21	…
…	4 34	0 30	1 03	8.7	〃 綾瀬〃	4 24	5 07	0 18	…
…	4 38	0 33	1 06	11.3	〃 亀有〃	4 21	5 04	0 14	…
…	4 41	0 36	1 09	13.2	〃 金町〃	4 18	5 01	0 11	
4 25	4 45	0 41	1 14	17.1	〃⊖松戸〃	4 14	4 57	0 07	1 37
4 28	4 48	0 44		20.5	〃 馬橋〃	…	4 51	0 03	1 33
4 32	4 52	0 48	…	23.4	〃 北小金〃	…	4 47	23 59	1 29
4 35	4 55	0 51	…	25.9	〃 南柏〃	…	4 44	23 56	1 26
4 39	4 58	0 55	…	28.3	〃 柏〃	…	4 40	23 53	1 23
4 44	5 03	0 59	…	32.7	〃 我孫子〃	…	4 35	23 48	1 18
4 49	5 08	1 05	…	38.8	着 取手発	…	4 30	23 42	1 10

運転間隔 上野—松戸 約5—12分毎　松戸—取手 約10—25分毎

北松戸駅は競輪開催の都度客扱（松戸—馬橋間）

東海道本線

特急「つばめ」の先頭に立つEF58形電気機関車。機関車の次位には旅客荷物合造車のスハニ35形が連結されていた。客車の塗装はまだブドウ色２号だった。31号機は特急「つばめ」「はと」の専用色化を前に実施された試験塗装をまとう。後に登場した青大将塗装と似た塗り分けだが、用いられている色は異なる。◎東海道本線　東京　1955（昭和30）年６月１日

東海道本線の全線電化および特急「つばめ」「はと」用客車の専用色化を踏まえ、特急けん引機であったEF58形電気機関車のうち、４両に試験塗装が1950（昭和25）年から施された。４号機は階調が異なる緑色の２色塗装となった。後に特急「つばめ」「はと」のけん引機に施工された塗装とは同じ緑色系ながら、より落ち着いた雰囲気の色調だった。
◎東海道本線　東京　1955（昭和30）年６月１日

特急「つばめ」の運用に就く展望車マイテ39形。昭和初期に製造された元スイテ37010形である。1943（昭和18）年の車両名称規定改正でスイテ37形となった。第二次世界大戦後に国鉄で特急列車の運転を再開する際、整備を受けて重量が増しマイテ39形と改称した。展望室は純和風の桃山式。二重屋根を備え、重厚な外観の３軸台車を履く。
◎東海道本線　1955（昭和30）年６月１日

長らく東海道の看板列車を務めた特急「つばめ」「はと」。東海道本線の全線電化が完成すると、客車編成は汎用のブドウ色から淡い緑色（淡緑５号）に塗り替えられた。また、列車をけん引する電気機関車も客車と同等の塗装を施された。車体は淡い緑色（淡緑５号）の地に下部を黄色とした２色塗りとなった。正面２枚窓の湘南顔で流麗な雰囲気があったEF58形はより見栄えのするいで立ちになった。◎東海道本線　東京　1955（昭和30）年５月

急行形電車153系の制御者クハ153形。パノラミックウインドウを奢った大振りな正面窓の下に大型の前照灯を備える初期形だ。視界の利く設えは現場側から好評を得た。しかし同車両の登場と前後して、自動車の急増等で踏切事故が多発し始めていた。事故への対応策として1961(昭和36)年の製造車両から、運転台を従来より300㎜高くした高運転台仕様に変更した。
◎東海道本線　東京　1960(昭和35)年

北関東地区に向けた修学旅行用電車として製造された167系。急行形電車の165系を基本に設計された。一般車両に比べて乗降頻度が少ない乗降口は幅を若干狭ばめ、客室にはボックス席に折り畳み式の大型テーブルを配置した。新製時の塗装はライトスカーレット（朱色３号）とレモンイエロー（黄色５号）の２色塗りで修学旅行色と呼ばれた。
◎東海道本線　東京　1973（昭和48）年７月25日

400
35
400

横須賀線へ直通する電車が東京駅を発車した。大船駅〜横須賀駅間は1889(明治22)年に開業。昭和初期には東京駅〜横須賀駅間で電車による直通列車の運転を開始した。1951(昭和26)年の新製直後から横須賀線に投入された70系電車は、先に同路線の運用に就いていた32、42系電車等と併結されることがあった。
◎東海道本線　東京
1955(昭和30)年6月1日

旧型客車をけん引して営業列車の仕業に就くEF58形電気機関車4号機。試験塗装機は茶色い機関車、客車ばかりが発着していた駅構内で一際目を惹いた。濃淡緑色の2色塗装は当時、フランス国鉄(SFCN)の電気機関車に採用されていたものに倣ったといわれる。後に4,16,18,31号機の試験塗装機4両は、いずれも車体塗装を元のブドウ色2号1色塗りに戻された。
◎東海道本線　東京
1955(昭和30)年6月1日

横須賀線直通のスカ色電車が東海道本線を行く。旧型国電が連なる編成の先頭には、42系電車のクモハ53形が立っていた。京阪神間の速達列車で活躍したモハ43形は第二次世界大戦後に横須賀線へ転属。当時の新系列電車70系電車との併結を考慮し、電動機を強力型へ換装して800番台車となった。1953(昭和28)年に実施された車両称号規程改正でモハ53形となり、後にクモハ53形と再改称した。◎東海道本線　新橋〜東京　1960(昭和35)年12月

20系客車で編成された寝台特急「はやぶさ」が、終点間近の有楽町界隈を走り抜けた。客車と同色に塗られたけん引機EF58形電気機関車の雄姿を山手線のホームから見送った。10系寝台客車を中心に編成した列車で運行していた「はやぶさ」は、1960(昭和35)年に寝台特急「あさかぜ」等で好評を得ていた20系客車へ置き換えた。同時に運転区間を東京駅〜鹿児島駅間から東京駅〜西鹿児島駅間に変更した。◎東海道本線　新橋〜東京　1962(昭和37)年９月

繁華街銀座へ向かう国鉄（現・JR東日本）路線の最寄り駅である山手線有楽町駅付近で東海道線上を走る急行「なにわ」。ヘッドマークを掲出した153系電車が速度を上げて行った。東京駅を8時30分に発車した列車は大阪駅へ17時05分に到着。東海道を8時間30分かけて走破した。途中の停車駅は品川、横浜、小田原と、現在の東海道新幹線「こだま」の停車駅と似ていた。
◎東海道本線　新橋～東京　1962（昭和37）年9月

電車区の留置線で休む80系電車。黄かっ色と緑２号の２色塗装と正面２枚窓の流麗な顔立ちから湘南形電車と呼ばれて親しまれた同形式だったが、初期に製造された制御車クハ86形は正面周りを非貫通３枚窓の仕様で登場した。1950（昭和25）年下期に製造されたグループから、制御車の前面形状を２枚窓に変更した。
◎東海道本線　田町電車区（現・東京総合車両センター田町センター）　1953（昭和28）年11月20日

集電装置を備える中間電動車のモハ70形。片側３か所に出入口を備えるセミクロスシート車だ。46番車は70系電車の初回製造年から３年目の1952（昭和27）年度に製造された。新製時の塗装は投入線区である横須賀線の代名詞となった２色塗りのスカ色だが、当初はクリーム２号と青２号の組み合わせで、後により明るい色合いへ塗り替えられた。
◎東海道本線　田町電車区（現・東京総合車両センター田町センター）　1954（昭和29）年４月３日

横須賀線に投入した70系電車の編成に組み込まれた２等付随車サロ46形。1951（昭和26）、1953（昭和28）、1955（昭和30）年度に18両が製造された。屋根、座席、床等の細部仕様は製造年度により異なる。台車は1955（昭和30）年度製の車両からTR45AよりTR48Aに変更された。1959（昭和34）年に施行された車輌称号規程改正でサロ75形に形式を変更した。
◎東海道本線　田町電車区（現・東京総合車両センター田町センター）　1953（昭和28）年11月20日

東海道本線を通って田町電車区（現・東京総合車両センター田町センター）へ回送される161系。ヘッドサインは上野駅到着時と同じ「とき」を掲出したままになっていた。東海道新幹線の開業で、在来線の昼行長距離特急は軒並み廃止され、東京口に「こだま形」電車が顔を出す機会は非常に少なくなっていた。◎東海道本線　有楽町　1965（昭和40）年２月28日

東海道本線で運転する車両が集う品川客車区（後の品川運転所）に停車するスカ色塗装の横須賀線用電車。モハ43形は片側に運転台を備える電動制御車。32番車は1934（昭和９）年に川崎車輌（現川崎車両）で製造された４両のうちの１両である。片側２か所に設置された客室乗降口の間に並ぶ狭窓は、速達便用でありながら優等列車用車両の風格を備えていた。
◎東海道本線　品川　1954（昭和29）年４月３日

修学旅行色の車体塗装で東海道本線を行く167系電車。屋根上に冷房装置を搭載していない、登場時に近い姿である。同車両の冷房化は1978（昭和53）年より施工された。同時に車体塗装は同系車両の165系等と同じ湘南色へ順次塗り替えられた。波動列車運用の他、昭和50～60年代には東京駅～御殿場線御殿場駅間の急行「ごてんば」で運用された。
◎東海道本線　大井町～品川
1977（昭和52）年6月4日

試運転中に床下機器等の点検作業を行う201系電車。1979（昭和54）年に900番台の先行試作車が製造され、8月の営業運転開始を控えて試験運転が繰り返されていた。製造当初の編成は5両。1編成中に電動車が運転台を備えるクモハ200形を含めて4両連結されていた。中程の屋上に3基並ぶ、真新しい集電装置がものものしい。◎東海道本線　品川　1979（昭和54）年7月

都内を力走する寝台特急「さくら」。九州発の上り寝台特急(ブルートレイン)で、東海道の朝を締めくくる列車だった。1000番台のEF65形電気機関車は東京口で4代目のけん引機。EF58形、EF60形500番台車、EF65形500番台車と繋いだ系譜を、1978(昭和53)年7月から引き継いだ。正面の貫通扉にヘッドマークを提出する。
◎東海道本線　品川～大井町
1978(昭和53)年8月5日

20系客車をけん引するEF58形電気機関車が横浜駅を発車した。昭和時代の初期に東京駅～下関駅間で運転を開始した特別急行「櫻」は、鹿児島駅まで運転区間を延ばしたが、第二次世界大戦下で運転を休止した。1958(昭和33)年から運転された寝台特急「さちかぜ」が翌年に名称変更され、「さくら」の名称が定期列車で復活した。◎横浜　1960(昭和35)年1月

パーラーカークロ151形を先頭にした特急「おおとり」。1961（昭和36）年3月1日のダイヤ改正で設定された東京駅～名古屋駅間を結ぶ特急列車だった。東海道本線初の東名間特急であり、東海道新幹線が開業するまでの在来線黄金期に、特急「こだま」「つばめ」「はと」に伍して看板列車の一角を占めていた。◎東海道本線　大船～戸塚　1964（昭和39）年9月23日

正面２枚窓の80系湘南形電車と同様な前面形状で、片側３か所の客室乗降口を備える70系電車。横須賀線の列車が走る４線区間を行く。1950（昭和25）年より横須賀線に投入された。新製時以来の車体塗装となったクリーム２号と青15号の２色塗りはスカ色と呼ばれ、横須賀線を象徴する塗分けとなった。なお、スカ色で当初使用されたクリーム色は、後にクリーム１号へ変更された。◎東海道本線　戸塚～大船　1964（昭和39）年９月１日

その名が示す通り、東京駅と大阪駅を結んでいた急行「なにわ」。東海道本線が全線電化開業した1956（昭和31）年に1往復が設定された。その後、増発された東京と大阪を結ぶ急行列車には1本毎に異なる名称が付けられたが、1961（昭和36）年10月1日のダイヤ改正時に1往復が増発され昼行便を「第1なにわ」、夜行便を「第2なにわ」とした。
◎東海道本線　大船～戸塚
1964（昭和39）年9月13日

４組の線路が大きな曲線を描く大船駅付近を行く153系電車の急行列車。当初は準急列車向けとして開発された長編成での長距離運転に対応した、片側２箇所の乗降口を備える電車は、東海道本線筋の準急列車がが急行に格上げされる中で、急行として運用されるようになった。最初に充当された急行列車の名称に準え「東海形電車」とも呼ばれた。
◎東海道本線　戸塚～大船
1964（昭和39）年９月１日

国府津駅に停車する京浜東北線用の車体塗装をまとった103系電車。行先表示器には「小田原」と表示されていた。通常の京浜東北・根岸線までの運用に加えて、神奈川県下の西端部まで運転区間を延長していた。長編成の列車がホームを席捲した。
◎東海道本線　国府津　1966(昭和41)年3月20日

国府津駅付近を運転する工場出場車両の試運転列車に連結されたクモハ12形電車。２両で１対の電動車として運転する115系電車のモハ114形、モハ115形を挟んだ４両編成だ。昭和50年代に入り、普段は工場の入れ替え車をけん引するなど裏方の存在となっていた旧型国電が久々に本線上を走行した。ブドウ色の17m級車体を載せた電車は、20m級の近代車両と見劣りしない風格があった。◎東海道本線　国府津　1977（昭和52）年７月８日

こたま
KODAMA

こたま
KODAMA

1日2往復の運転だった特急「こだま」。東京駅～大阪駅間を運転する列車を下り「第1こだま」。東京～神戸間の列車を下り「第2こだま」。神戸駅～東京駅間の列車を上り「第1こだま」。大阪駅～東京駅間の列車を上り「第2こだま」と名付けた。「こだま」の登場までは、1本の列車に1つの列車名を付けるのが慣例だった。
◎東海道本線　鴨宮～国府津
1961(昭和36)年1月15日

国鉄初の有料電車特急として1958(昭和33)年に登場した「こだま」。運転区間は東京駅～大阪、神戸駅間だった。同列車の運転に際して、20系(後の151系)電車が新製された。同時期に運転していた特急「つばめ」「はと」は電気機関車が客車をけん引する列車で、東京駅～大阪駅間の所要時間は7時間30分。それに対して新生特急は40分の短縮を実現した。
◎東海道本線　国府津～鴨宮
1961(昭和36)年1月15日

上下線が離れる築堤上を走る特急「はと」。けん引機は客車と同様の塗装を施された、「青大将」仕様のEF58だった。東海道本線が全線電化された際、看板列車であった特急「つばめ」「はと」で使用していた客車の車体をエメラルドグリーン（淡緑５号）色で塗装した。同時にけん引機だったEF58形電気機関車のうち、25両を客車と同様の仕様に塗装した。
◎東海道本線　小田原　1960（昭和35）年９月

収穫を終えた田園を見下ろして、築堤上を駆ける80系電車。緑色の地に列車種別と名称を記載した大きなヘッドマークを掲出し、東京駅～名古屋駅間を結ぶ準急「東海」の運用に就く。東名間の準急「東海」は1955（昭和30）年に運転を開始。当初は客車で運用され、1957（昭和32）年に大垣電車区（現大垣車両区）所属の80系電車に置き換えられた。
◎東海道本線　鴨宮～国府津
1960（昭和35）年９月

静岡県沼津市から富士市の近郊にかけて、東海道本線の車窓からは富士山の麗姿を堪能することができる。昭和30年代にはまだ線路際に建つ家屋等は少なく、沿線には列車と富嶽の組み合わせを楽しむことができる場所が点在していた。冠雪した山容の前に東京方面から列車が飛び込んで来た。湘南色塗装を80系電車から受け継いだ153系電車の急行だった。
◎東海道本線　東田子の浦　1961（昭和36）年11月26日

富士山を望む旧東海道との並行区間を行く80系電車。昭和20年代に登場した湘南色をまとった時の新鋭車両は東京駅〜沼津駅間の列車に投入され、東海道の電化進展と車両増備に後押しされて、運用範囲を西へ拡大していった。全盛期には準急、急行等、優等列車の運用も受け持つ。静岡地区では晩年まで普通列車の運用に充当された。
◎東東海道本線　東田子の浦　1961（昭和36）年11月26日

山手線

山手線の近代化に貢献した101系電車。しかし、一定時間に負荷を掛けて作動させると、電動機の発熱容量が限界に達してしまう傾向にあり、駅間距離が短い山手線等での運転には不向きであることが判明した。そこで後継車両の103系が登場すると置き換えが進められた。山手線の象徴色がウグイス色（黄緑５号）となったのは、103系の投入以降だった。
◎山手線　渋谷～原宿　1964（昭和39）年10月

NHK

新宿駅で擦れ違う山手線の電車。カナリアイエロー色（黄色５号）の電車は101系。ウグイス色（黄緑６号）の電車は103系だ。山手線に投入された101系は終始黄色の車体塗装で使用された。後継車両となった103系が登場した際には置き換えが完了するまで、１路線に２つの象徴色が混在した。◎山手線　新宿　1967（昭和42）年８月

山手
YAMATE
38

1961（昭和36）年から山手線に投入された101系電車。車体塗装はカナリアイエロー（黄色５号）の一色塗りだった。後に同車両は総武・中央緩行線に転用され、車体塗装は同路線を象徴する色となった。全車両貫通の８両編成で運転され、混雑が激しくなっていた都内の通勤路線を支えた。1963（昭和38）年には山手線で運転する全ての列車が同車両となった。
◎山手線　原宿～渋谷　1964（昭和39）年10月

南武線

南武線では快速列車の運転を1969（昭和44）年末から開始した。充当された101系は中央本線の沿線に設置された武蔵小金井電車区からの借入車でまかなった。それまで72系等、茶色の旧型国電で運転していた、庶民が利用する街中の電車という意味合いの「ゲタ電」という表現が似合っていた路線の雰囲気がにわかに華やいだ。◎南武線　川崎　1973（昭和48）年１月４日

鶴見線

急曲線を描く線路上を鋼製トラスの梁が渡され、国電黎明期の雰囲気を湛える国道駅に停車するクモハ11形電車。モハ11形は1953（昭和28）年に施行された車両称号規程改正で車体長17m級の片運転台、3扉、ロングシート仕様の電車を統合した形式。200番台車は昭和初期に製造した元31系電車の電動制御車モハ31形だ。同車両は1959（昭和34）年の車両称号規程改正でクモハ11形となった。◎鶴見線　国道　1972（昭和47）年5月3日

相模線

非電化時代の相模線を行く気動車列車。先頭のキハ35は、クリーム地の車体塗装。踏切事故への対応策として、前面に鋼材を貼って強化下部分は青色で塗られていた。その上に車両の形式と番号が白色の斜め書きで記載され、従来からの国鉄らしからぬ新しい表現になっていた。後続の車両は合理化が推進されていた国鉄末期故、朱色の一色塗装に塗り替えられていた。
◎相模線　1986（昭和61）年3月3日

御殿場線

機関車の次位に荷物合造車を連結した客車列車のけん引するD52形蒸気機関車の２号機。写真は製造から10年以上を経ての姿だが、カマボコ形状となったボイラー上のドームや、炭庫部分が狭く、補強材が添えられている炭水車等に戦時設計の面影を色濃く残す。同機は1954（昭和29）年から翌年にかけて沼津機関区に在籍した後、山陽本線、呉線の車両基地であった糸崎機関区へ転出した。◎御殿場線　山北　1955（昭和30）年３月15日

南風が吹き込みやすい静岡県御殿場市の周辺では、春の訪れが思いのほか早い。３月も中旬に入り、線路の近くを菜の花が彩っていた。その傍らをD52形蒸気機関車が客車列車をけん引して走り抜けた。236号機は第二次世界大戦直後の1946(昭和21)年製。東海道本線、御殿場線等で運用される車両が多数配置されていた沼津機関区に新製配置された。
◎御殿場線　谷峨～駿河小山　1966(昭和41)年３月20日

富士山の裾野を通る御殿場線は丹那トンネルが開通するまで東海道本線の一部だった。現在まで東海道本線の途中駅である国府津、沼津を起点終点とする。列車をけん引する機関車には、客貨列車共にD52形蒸気機関車が充当されていた。第二次世界大戦下の東海道本線で貨物輸送を支えた重量級の機関車は沼津機関区に多く配置され、東海道本線の電化後は御殿場線に転用された。
◎御殿場線　山北
1966(昭和41)年３月20日

相模湾へ流れ出る酒匂(さかわ)川は静岡県下で鮎沢川と呼ばれる。清流に沿って谷間を進む御殿場線の山間区間。山北駅～谷峨駅間で川の南側にせり出した山中を線路はトンネルで抜ける。明治時代に完成した施設の出入口付近は、重厚な面持ちの石積みになっている。白煙を燻らせながらD52形蒸気機関車が現れた。234号機は煙突の前に給水温め器を載せていない改装前の姿だった。◎御殿場線　山北～谷峨　1966(昭和41)年3月20日

第二次世界大戦後の混乱期における都市輸送を支えた63系、72系電車。都区内の通勤路線へ101系、103系等の新性能電車が投入されると、大都市周辺の近郊路線へ転属した。東海道本線の国府津駅と沼津駅を御殿場市経由で結び、富士山の南東麓を巡る御殿場線も歳の経った通勤形電車にとっては、のんびりと運用をこなすことが出来そうな次なる職場であった。
◎東海道本線　国府津　1977（昭和52）年７月８日

御殿場線用に導入された72系は、中央本線等の首都圏で使用された車両を転用した。車体塗装はブドウ色からスカ色に変更された。写真の先頭車は二段上昇仕様の客室窓を備える、金属製車体のクモハ73形だ。同車両の御殿場線における同車両の活躍期間は思いのほか短く、1979(昭和54)年に113系の山岳路線仕様車である115系に置き換えられた。
◎御殿場線　足柄～御殿場　1979（昭和54）年１月15日

御殿場線は1968（昭和43）年に全線が電化された。旅客列車はD52形蒸気機関車がけん引する旧型客車から72系電車に置き換えられた。全区間が単線で列車交換等の際、数分間に亘って停車することがある当路線では、電車の扉は通年に亘り半自動扱いで使用。水回り設備を持つ車両を含む4両編成で運転した。◎御殿場線　駿河小山〜足柄　1979（昭和54）年1月15日

御殿場市の郊外からは富士山の全貌を大きく捉えることができる。秀峰を背景に走るスカ色の電車は、当地で10年余りの時を過ごした間に、すっかり山麓の風景に溶け込んでいた。線路の周辺にはうっすらと雪が積もる。御殿場線は1968(昭和43)年に全線が電化開業し、72系電車がD52形蒸気機関車に替わって主役の座に就いた。
◎御殿場線　御殿場～足柄
1979(昭和54)年1月5日

午後になって北風が秀峰の稜線に雲を沸き立たせた。富士山を背景に2軸の緩急車2両のみを連結した貨物列車が静かに進む。全線の電化開業に伴いEF60形等、沼津機関区に所属する電気機関車がけん引した。昭和40年代には岩波駅付近に自動車工場へ延びる専用線を設置するなど、にわかに貨物需要が高まった御殿場線だったが、昭和50年代に入ると輸送量は減少に転じていた。
◎御殿場線　足柄～御殿場
1979(昭和54)年1月15日

身延線

木造の車庫にブドウ色の電車が休んでいた。クモハ14形は昭和初期に横須賀線用として製造された32系電車の電動車。17m級の車体を持ち、片側２か所の客室乗降口、クロスシートを備えていた。写真の車両は820番車。800番台の番号区分は身延線での運用に合わせて集電装置が載る屋根の一部を低く改造した車両に付された。
◎身延線　富士電車区
1969（昭和44）年４月

二軸の有蓋貨車をたくさん引き連れてEF10形電気機関車がやって来た。19号機は旅客用のEF56形の前期型に似た車体で、妻部に曲面を大きく取った溶接構造の車体を載せていた。同形式の中で17号機から24号機までの８両が同じ仕様の車体を採用した。また、溶接車体グループのEF10形が製造された前年製のEF11形４号機が、同仕様の車体を載せていた。
◎身延線　入山瀬
1972（昭和47）年２月20日

第二次世界大戦前の東海道本線京阪神間で、急行電車等の速達列車に充当された42系、52系に属する電車は、戦後に近代形車両へ置き換えられると飯田線等へ転属した。身延線にやって来たクモハ43形は、断面積が小さいトンネルがある路線内を走行できるように集電装置が載る屋根の一部を低くする改造を施工された。番台区分は他の旧型国電と同様、800番台となった。
◎身延線　富士電車区　1969(昭和44)年4月

1964（昭和39）年３月に運行を開始した準急「富士川」は、同年10月の東海道新幹線開業に伴い、２往復のうち１往復を東海道本線の静岡駅発着とした。静岡駅発着の列車には東海道本線を基準として列車番号が割り振られた。そのため、身延線内では同じ方向へ向かう「富士川」で奇数と偶数の列車番号が混在した。
◎身延線　入山瀬
1972（昭和47）年２月20日

身延線の起点である富士駅口では、西富士宮駅、芝川駅までの区間列車が運転されている。朝夕には1時間に3往復が設定されている時間帯もある。未だ旧型国電が隆盛を極めていた頃の夕刻、6両編成の電車が富士山を仰ぎ見る撮影名所に走って来た。2両目の電動車はトンネル断面積が小さい民鉄時代の区間に合わせて、屋根の一部を削って集電装置の位置を低くした、当路線の特別仕様車だ。
◎身延線　入山瀬
1972（昭和47）年2月20日

山間の田園地帯を行くEF10形電気機関車けん引の貨物列車。二軸貨車の間に僅かばかりのボギー車を組み込んだ編成は、国鉄時代の一般貨物列車でよく見ることができた。EF10形は国産の旅客用電気機関車EF53形の基本構造を踏襲しつつ、貨物用機として昭和初期に製造された車両だ。歯車比は牽引力を重視した、低速形に設定された。
◎身延線　下部
1972(昭和47)年2月20日

３扉車のクハ55形や幅の狭い客室窓が並ぶクハ47形等で編成された旧型国電が富士市近郊の田園地帯を走る。背景には僅かばかり山頂が姿を覗かせる富士山がそびえていた。先頭のクハ55形319番車は、付随車のサハ57形に運転台を増設した改造車両だ。引き戸になっていた連結部の扉を貫通扉に流用したため扉部分に大きな窓がある。
◎身延線　入山瀬
1972（昭和47）年２月20日

身延線の普通列車は昭和50年代の半ばまで第二次世界大戦前に製造された旧型国電が主力だった。車体側面に狭窓が並ぶ２扉車はクハ47形。昭和初期に製造された32系電車の制御車だ。当初は電動車と共に横須賀線へ投入された。戦後になって70系電車への置き換えが進み、東海道本線周辺の地方電化路線へ活躍の場を移した。
◎身延線　下部～波高島　1972(昭和47)年２月20日

富士川の中流域となる身延駅界隈で、普通列車は１～２時間に１本の運転となる。やって来た電車には２、３扉車、郵便荷物合造車が混結されており、長くはない編成ながら鉄道好きの興味を惹く。スカ色の車体塗装を施された古い電車は、地方の民間鉄道として出発した身延線沿線ののどかな雰囲気と良く馴染んでいた。
◎身延線　下部～波高島
1972(昭和47)年２月20日

富士川に注ぐ常葉川を渡る急行「富士川」。正面窓を２枚備える湘南形電車の元祖80系電車で運転していた。当列車の祖は富士駅～甲府駅間に1964(昭和39)年から運転した準急列車。準急時代から静岡運転所(現・静岡車両区)所属の80系が充当された。1966(昭和41)年に国鉄旅客運賃制度が改訂され、走行区間が100km以上の準急を急行に格上げすることとなり「富士川」も急行になった。◎身延線　下部　1972(昭和47)年２月20日

ED17形電気機関車がけん引する貨車はセメントホッパー車。身延線で運転していた貨物列車の中にはセンメント輸送等の専用列車があった。東花輪駅の近くには大阪セメントの荷役場、ジャパンエナジーの油槽があり、駅から両施設に専用線が延びていた。石油輸送列車は1998(平成10)年まで運転され、身延線で最後の貨物列車となった。◎身延線　甲斐常葉　1969(昭和44)年4月6日

４両編成の旧型国電が富士川との合流点付近で蛇行を繰り返す常葉川を渡る。先頭の制御車はクハ55。第二次世界大戦前の昭和期に製造された40系電車のうちの１形式だ。10年間余りに亘って96両が製造された。当初の充当先は関東地方の電化路線で、後に関西にも配置された。都市部の電車が新性能化されると身延線、飯田線等に転属した。◎身延線　下部～波高島　1972（昭和47）年２月20日

山里の花は春風と共に一斉に咲き始める。梅、桜がほころび始めた穏やかな景色の中にイギリス生まれのED17形電気機関車が貨物列車をけん引してやって来た。無蓋車の積載物は見え辛く、軽めの仕業であることを予感させた。列車が眼下をゆっくりと通過した後、しばらく間があって線路の傍らに立つ腕木式信号機が作動し、乾いた音が小さく響いた。◎身延線　甲斐常葉　1969（昭和44）年４月６日

桜が咲き始めた駅構内に急行列車が入って来た。富士山と翼を意匠化したヘッドマークを掲出する80系電車はセミ・モノコック構造の全金属製車体を載せた300番台車。すでに急行形電車の153系、165系が登場して久しかったが、往年の湘南型電車は優等列車として見劣りのしない外観を備えていた。編成は普通車のみの4両だった。
◎身延線　甲斐常葉　1969（昭和44）年4月6日

35
35

飯田線

ホーム沿いの線路に陽光が射し込む駅構内に、戦前に阪和線や京阪神間の関西急電（急行電車）仕業で名を馳せた旧型電車が顔を揃えていた。「急行電車」は現在運行している「新快速」の祖となった速達便の通称だ。豊橋駅の飯田線のりばホームは名古屋鉄道との共用区域である。ホーム越しに名鉄パノラマカー7000系が顔を覗かせていた。
◎飯田線　豊橋　1973（昭和48）年４月30日

車体両端部に２枚窓の湘南顔を備えるクモニ83形。東海道本線に投入された80系電車で、両運転台を備える郵便荷物合造電動車モユニ81形が６両製造された。後に３両が飯田線へ転属し、郵便室を廃して荷物室を増床する改造を1963（昭和38）年に施工され、荷物電車クモニ83形100番台車となった。形式区分では72系電車を改造したクモニ83形の１種となる。
◎飯田線　豊橋電車区（現・豊橋運輸区）　1979（昭和54）年６月

20m級の車体を載せた両運転台仕様の電動制御車クモハ42形。客室に２か所備える出入口の間に16枚の狭窓が並ぶ。主に東海道本線の京阪神間で運転された、急行電車の増結用として運用された。本系列の車両が製造を開始した1933（昭和８）年に13両が製造された。飯田線ではスカ色の塗装で、旧型国電が運転された末期まで活躍した。
◎飯田線　豊橋機関区（現・豊橋運輸区）　1973（昭和48）年６月

東海道本線と飯田線が並行し、複々線区間の様相を呈している船町駅界隈。飯田線用とされる豊橋駅～豊川駅間の複線区間で、豊橋駅～平井信号場間では国鉄（現・JR東海）が所有する下り線を中部天竜駅方面へ向かう飯田線と、名鉄名古屋方面へ向かう名古屋鉄道名古屋本線の下り列車が走行する。また名古屋鉄道が所有する上り線を両鉄道の上り列車が走行する。
◎飯田線　船町～下地　1976（昭和51）年１月15日

飯田線の起点、豊橋駅構内に入線する貨物列車。けん引機は豊橋機関区（現・豊橋運輸区）所属のEF10形電気機関車だ。31号機は箱形車体を載せた同形式の後期型。一体鋳鋼台車のをHT57形を履く。昭和50年代に入って飯田線の貨物列車で運用される電気機関車にはED62形が台頭。同機は稼働する最後のEF10形になった。
◎飯田線　豊橋　1973（昭和48）年３月

1979（昭和54）年に全国植樹祭が愛知県で執り行われた。それに伴い飯田線 豊橋駅～三河槙原駅間、本長篠駅～豊橋駅間で昭和天皇陛下が御乗車する特別列車（お召し列車）が運転された。豊橋機関区所属のED62形電気機関車15号機が往復路で列車をけん引した。日本国旗と菊の紋章を掲出した小型機が、青空の下を粛々と走った。
◎飯田線　小坂井～下地　1979（昭和54）年5月26日

52系電車が飯田線に転属した後の1957（昭和32）年10月。飯田線の全区間を走破する快速列車が設定された。この花形運用に往年の流電が抜擢され専用の塗装が施された。快速運用を機に伊那松島機関区（現・伊那松島運輸区）から豊橋機関区（現・豊橋運輸区）へ転属した52系は、専用塗装を経て80系電車に似た黄かん色と緑２号の二色塗装になった。
◎飯田線　豊橋　1958（昭和33）年５月５日

豊橋駅の西口に建つ駅ビルに隣接する飯田線ホーム。日溜りの中に旧型国電が並んで停まっていた。現在の飯田線で最初の開業区間となった豊橋駅～豊川駅間は、愛知県豊橋町（現・豊橋市）で起業した民間会社の豊川鉄道が1897（明治30）年に開業。豊橋駅はすでに営業していた国有鉄道との共用だった。同鉄道は1900（明治33）年までに大海駅までの区間を開業した。
◎飯田線　豊橋

運転台周りが流線形の形状となったクモハ52は1936（昭和11）年製。流線形が流行した優雅な時代に登場した通称「流電」である。関西地区で京阪神間の「急行電車」等に充当された後、1957（昭和32）年に飯田線の伊那松島機関区（現・伊那松島運輸区）へ転属した。さらに程なくして設定された飯田線全線を運転する快速列車の仕業を担うべく、豊橋機関区（現・豊橋運輸区）へ転属した。◎飯田線　豊橋機関区（現・豊橋運輸区）　1973（昭和48）年6月

国鉄（現・JR東海）と名古屋鉄道の共用区間を走る52系電車。飯田線でも快速列車の運用を受け持つ等、特別な存在だったが、晩年は飯田線南部の普通列車運用に従事した。かつて京阪神間を俊足で慣らした流電は、東海道本線と共に８条が延びる直線区間に、鉄道線の列車を追い抜いた東海道本線山崎駅界隈の景色を重ねていたのかも知れない。
◎飯田線　下地　1976（昭和51）年１月15日

豊川鉄道の駅として明治時代に開業した牛久保駅。愛知県豊川市内に設置された飯田線の駅だ。豊川鉄道は第二次世界大戦下の1943(昭和18)年に国有化された。国鉄路線になってから30年余りの歳月を経ていた撮影時にも、構内には私鉄時代からの施設と思しき、トラスを組まれた鋼製の架線柱、ホーム上屋の支柱等が現役で使用されていた。
◎飯田線　牛久保
1973(昭和48)年6月

三河湾へ注ぐ豊川と豊川放水路の間に設置された下地駅。この界隈は飯田線と名古屋鉄道名古屋本線の共用区間で2本の線路はやや距離をおいて並行する。豊川駅方にある平井信号場は名古屋鉄道の施設だ。かつては国鉄(現・JR東海)の平井信号場も存在したが、1963(昭和38)年に隣接する小坂井駅と統合して廃止された。
◎飯田線　下地　1976(昭和51)年1月15日

駅構内の留置線に停車するクモハ54。同車両はモハ51により高出力な電動機を搭載した基本番台車と、関西地区で使用されて来たモハ60の車内座席をロングシートからクロスシートへ交換した100番台車に大別される。いずれの車両もウインドウシル・ヘッダーの有無やベンチレーターの形状等でさらに形態が細分化される。◎飯田線　牛久保　1973(昭和48)年6月

豊橋、豊川方面への通勤路線である飯田線の豊橋口では、朝の通勤通学時間帯に10分間隔で列車が行き交う区間があるものの、日中にはゆったりとした運転ダイヤとなる。慌ただしく仕業を終えた電車は、主要駅の側線で休憩するのが日課だった。スカ色が地方路線を思い起こさせるようになっていた昭和40年代、その色をまとった電車にはのどかな空気が似合っていた。
◎飯田線　牛久保　1973(昭和48)年6月

愛知、静岡、長野県下を縦断する飯田線。この長大な路線は民間の手で敷設された。市街地から山里へ、急峻な渓谷、さらに高原へとさまざまに変化する沿線風景を巡る飯田線は鉄道ファン垂涎の山岳路線である。近年は、田本駅、小和田駅など秘境駅が注目を浴びる。◎飯田線　東上　1976(昭和51)年5月29日

国鉄が小荷物扱いを行っていた時代、長距離区間を走る列車が多く設定されていた飯田線では、普通列車に荷物電車、郵便荷物電車を連結した編成を目にする機会があった。列車の先頭に立つクモニ13形は17m級車体を備えるモニ53形からの改番車両。ブドウ色塗装のクモハユニ64形は1943(昭和18)年製の元モハユニ61形。1961年に運転台を増設して形式が変更された。
◎飯田線　東上　1954(昭和29)年5月26日

伊那松島駅に入線する急行「伊那」。全金属製車体を載せた300番台の80系電車で運転していた。名古屋駅〜辰野駅間を東海道本線〜飯田線経由で運転する定期の速達列車は、準急「伊那」として1961(昭和36)年に運転を開始した。後に1日3往復まで増発され、1966(昭和44)年に急行列車になった。急行化後、運転本数は4往復体制になるが、東海道本線内は快速、普通列車として運転した。
◎飯田線　伊那松島
1971(昭和46)年7月4日

飯田線北部の貨物列車けん引に充当されたED19形電気機関車。旅客用機であったED53形の歯車比等を変更して、貨物用機に改造した車両だ。ED53形は1928（昭和３）年に６両が製造された。電装機器をアメリカのウエスティングハウス社。駆動系等の機械部分ボールドウィン社で製造した輸入機だった。５号機は元ED53形の１号機で、東京機関庫（後の東京機関区）在籍時には、天皇陛下が乗車される特別列車（お召列車）のけん引機に指定されていた。
◎飯田線　伊那松島
1971（昭和46）年７月４日

貨物列車を率いて伊那松島駅のホームに停車するED19形２号機。舶来機ED53形を仙山線へ転用する際、駆動系の歯車比を変更し、スノウプラウ等の耐寒耐雪装備を施した４両のうちの１両だ。２号機は第二次世界大戦下で４～６号機と共に豊橋機関区（現・豊橋運輸区）へ転属し、飯田線南部で貨物列車のけん引に従事した。昭和30年代に伊那松島機関区へ移り、北部の貨物列車運用に就いた。
◎飯田線　伊那松島
1971（昭和46）年７月４日

クモハ53形は流電モハ52系３次車の電動制御車モハ43形として1937（昭和12）年に４両が製造された。貫通扉を備える半流線形の運転台周りを備え、側面はウインドウシル・ヘッダーを省いた張り上げ屋根という個性的な意匠で登場した。1959（昭和34）年に施行された車両形式称号規程改定でクモハ53形に改番された。
◎飯田線　伊那松島機関区
（現・伊那松島運輸区）
1979（昭和54）年11月1日

普通列車に併結されて郵便物、小荷物を輸送した郵便荷物合造電車。荷物専用や車内の半分ほどを客室とした車両もあった。クハユニ56形の郵便室と郵便室、客室は板張りの壁で仕切られていたが、それぞれの箇所を車内で通り抜けられるように扉が設けられていた。郵便室と荷物室の側出入口には、いずれも両開き式の扉が設置されていた。
◎飯田線　伊那松島機関区
(現・伊那松島運輸区)
1971(昭和46)年7月4日

電動旅客郵便荷物合造電車のクモハユニ64形。車端部の片側に運転台があり、運転台側の屋根上に集電装置(パンタグラフ)を1基備える。運転台周りは緩やかな曲線を伴った3枚窓の半流線形。ブドウ2号の1色塗装が窓の上部と雨樋の間を、スカ色塗装車よりも若干広く見せており、古い電車でありながら優しい表情を窺わせていた。
◎飯田線　伊那松島
1979(昭和54)年11月10日

飯田線用に特化した車両となったクハユニ56形電車。昭和初期に製造されたクハニ61形に郵便室を増設した1～4番車4両と、第二次世界大戦下で製造されたモハユニ61形を飯田線に転用した11,12番車の2両があった。改造は飯田線豊川駅に近い国鉄豊川分工場で行われた。現在、当施設の跡地には日本車輌製造の豊川工場が建つ。
◎飯田線　伊那松島機関区
(現・伊那松島運輸区)
1979(昭和54)年11月10日

夏色に染まった伊那谷の田園地帯を走る急行「こまがね」。旧型国電の宝庫と呼ばれた飯田線で、湘南色塗装の急行形電車が気を吐いていた。同列車は新宿駅と飯田線内の飯田駅、天竜峡駅を結んでいた急行「赤石」「天竜」を、1968（昭和43）年10月１日の白紙ダイヤ改正時に名称統一して生まれた。貫通扉には逆五角形の小振りなヘッドマークを掲出していた。
◎飯田線　伊那松島　1971（昭和46）年７月４日

切妻屋根の車体形状が改造元となった車両を窺わせるクハ47形153番車。阪和線の速達列車等で活躍したクモハ52系の中間車だったサロハ66形に運転台の新設等を行い、制御車へ転用した車両である。改造は飯田線に転属した1951（昭和26）年に施工された。改造後はクハ47021となり1959（昭和34）年にクハ47153と再改番された。
◎飯田線　伊那松島機関区（現・伊那松島運輸区）　1971(昭和46)年７月４日

飯田線の終点辰野駅で飯田線の電車は２番線に発着することが多い。片側に客室出入口３か所を備える制御車と２両編成を組んだクモハ53形が重厚な面持ちで停車していた。同車両は昭和初期に製造されたモハ43形の出力増強を図った改造車。１番車は元モハ43形の18番車である。改造後に同形式の800番台車となり、1953(昭和28)年に施行された車両形式称号規程改定でモハ53形となり、のちの同改定でクモハ53形になった。◎飯田線　辰野　1971(昭和46)年７月４日

20m級の車体を載せるクモハ53形電車と共にホームに停車するクハ16形。1953年に施行された車両形式称号規定改正で、17m級の車体を備える片側に３か所の客室乗降口を備える片運転台車両を統合して設けられた形式である。484番車は50系電車のクハ65形を改番した車両。昭和初期から第二次世界大戦前まで約10年間に亘って製造された。
◎飯田線　辰野　1971(昭和46)年７月４日

今日の飯田線をかたちづくった前身母体の一つだった伊那電気軌道の工場施設として明治時代に設置された伊那松島機関区（現・伊那松島運輸区）。かつて都市部の主要路線で活躍した多種多様な旧型電気機関車、旧型国電が、昭和20～50年代にかけて配置されていた。その省型電車の系譜を辿るかのような陣容は、電車の博物館と呼ぶに相応しかった。
◎飯田線　伊那松島機関区（現・伊那松島運輸区）　1971（昭和46）年7月4日

92

旅客郵便荷物合造車のクハユニ56形。クハニ67形と横須賀線用として1943(昭和18)年に製造されたモハユニ61形からの改造車である。種車となったモハユニ61形2両は第二次世界大戦下で物資不足の折、電装化されなかった車両だった。改造に際して荷物室の一部へ郵便室を追加。客席のセミクロスシート化、水回り施設の追加が行われた。
◎飯田線　1971(昭和46)年7月4日

飯田線を走る気動車列車は急行「天竜」。同列車は新宿駅〜飯田駅間の他、飯田駅〜長野駅間を結ぶ便があった。新宿発着の列車は1968(昭和43)年に急行「こまがね」として分離された。しかし、飯田線内では「天竜」との併結運転が継続された。両列車共に経由する路線の一部区間が非電化であったため、キハ58形等の急行形気動車が充当された。
◎飯田線
1971(昭和46)年7月4日

小さな給水塔が建つ駅構内の留置線に、客室乗降口片側2か所の狭窓車が停車していた。昭和初期に当時から電化されていた東海道、山陽本線の京阪神地区に投入された42系電車の電動制御車クモハ43形だ。13番車は1924(昭和9)年に梅鉢鐵工所(後の帝國車輛工業株式会社)で製造された。木製、モケット張りのクロスシートを備え、立ち席部には吊革が下がる。
◎飯田線　1971(昭和46)年7月4日

中央本線

東京駅を発車して行く中央本線の快速列車。オレンジバーミリオン色（朱色１号）の４扉車は1957（昭和32）年に登場した101系電車だ。東北新幹線が当駅に乗り入れる前、中央本線のホームは東海道本線等と同じ高架上にあった。しかし、在来線ホームが並ぶ区画の一部を新たな新幹線ホームに転用することとなり、中央本線用の１、２番線を８ｍ嵩上げした高架上に移設した。
◎中央本線　東京　1960（昭和35）年５月

営業運転２日目の201系。「省エネ201」と記載された縦長のヘッドマークを正面に掲出していた。同車両は大量に増備されて通勤形電車の一時代を築いた103系の後継車両として開発された。旧国鉄の電車では始めて直流電動機の制御に電機子チョッパ制御（サイリスタチョッパ制御）方式を採用。電力回生ブレーキも装備し「省エネ電車」と称された。
◎中央本線　神田　1979（昭和54）年８月21日

都心で豊かな木々の緑に包まれた新宿御苑の側を走る中央本線の武蔵小金井行き快速列車。利用客は車体塗装の違いで並行する緩行線の列車と識別していた。1957（昭和32）年から製造を開始した国鉄初の新性能電車90系だった。営業運転について1年目の新型車両は未だ屋上に冷房装置を載せていなかった。1959（昭和34）年に車両称号規程改正が施行され、同形式は101系になった。◎中央本線　千駄ヶ谷　1958（昭和33）年5月

国鉄初の新性能通勤形電車として1957（昭和32）年に登場した101系。オレンジバーミリオンの塗装をまとった編成は中央本線に投入された。車両側面の片側に両開き式の扉を備える出入口を４か所ずつ設け、運転台周りを非貫通とした切妻形の車体は実用性に富んだ簡潔な構造と映る。中央本線での実績を踏まえ、使用路線は山手線や大阪環状線等に波及した。
◎中央本線　千駄ケ谷

大型の行先表示板を正面に掲出して駅に停車する80系電車。個性的な２枚窓の前面形状と蜜柑色と緑色の２色塗装から、湘南型電車と呼ばれた同車両は本来、平坦路線の長距離列車用として開発された。優等列車へ投入されるうちに短い編成であれば登坂能力も高評価を得て東京、神奈川の都県境小仏峠に急勾配区間が控える中央本線まで運用範囲を拡大した。
◎中央本線　鳥沢　1966（昭和41）年５月

ツツジの花が咲く山里の駅に電気機関車がけん引する客車列車が到着した。鳥沢駅は国道20号線（甲州街道）に面する街道時代の宿場町、鳥沢宿に設置された鉄道駅である。周辺を標高1,000mクラスの山々に囲まれた駅は、登山愛好家の拠点にもなっている。植え込みの中には「扇山高畑山登山口下車」と記載した札が立っていた。◎中央本線　鳥沢　1966（昭和41）年５月

勝沼（現・勝沼ぶどう郷）駅の構内。線路の一端が行き止まりとなった乗降ホームには普段、普通列車や貨物列車のみが入線していた。客車列車がホームに停車する中、遠方で正面を向いている80系電車は本線を通過して行く様だ。スイッチバック構造は駅施設の改修工事を経て1968（昭和43）年に解消された。現在は25‰の勾配区間である本線上に、ホームが設置されている。◎中央本線　勝沼（現・勝沼ぶどう郷）

本線を通過して行くのは165系の急行列車。勝沼（現・勝沼ぶどう郷）駅はブドウ畑が広がる丘の中に設置されている。かつては本線から分岐した構内側線に乗降ホームを設置した、「通過可能」なスイッチバック構造の駅だった。本線上は急勾配区間であり、安全上の観点から乗降施設は平坦部に造るべきとして、特異な形態の停車場が大正時代に誕生した。
◎中央本線　勝沼（現・勝沼ぶどう郷）

勝沼（現・勝沼ぶどう郷）駅構内のホームから本線を見上げる。EF13がけん引する客車列車が急勾配を上って行った。編成に二等車（現・グリーン車）を組み込んだ準急列車だ。当時の中央本線は甲府駅までが電化区間。電化、非電化区間を跨いで東京と長野、名古屋方面を結ぶ長距離列車には客車が使用されていた。◎中央本線　勝沼（現・勝沼ぶどう郷）　1955（昭和30）年４月

春まだ浅い河岸段丘上の田園地帯を行くD51形蒸気機関車がけん引する旅客列車。南アルプスの秀峰甲斐駒ヶ岳が望まれる、小淵沢周辺の中央本線はまだ非電化で残されていた。客車に乗り込んだ登山家と同様、山岳路線の急勾配に挑む機関車は、集煙装置や重油併燃に用いる燃料を貯める油槽をボイラー上に載せた勇ましい姿だった。
◎中央本線　小淵沢　1957(昭和32)年4月7日

山梨県下で中央本線、身延線等で運用される車両が集った甲府機関区(現・甲府統括センター)。同区に所属する電気機関車の他、急行列車用のキハ55形気動車や機械式気動車のキハ07形が見える。1964(昭和39)年に急行仕業が気動車から電車に変更され、キハ55形が当区に在籍した期間は4年間と思いのほか短かった。◎中央本線　甲府機関区　1960(昭和35)年8月

旧国鉄で本格的な本線用ディーゼル機関車となったDF50形は、昭和30年代初期から中期に掛けて量産が進められると、各地の非電化亜幹線で活躍した。昭和30年代には、まだ長野県側に非電化区間を多く抱えていた中央本線にも投入され、当時は多く設定されていた客車列車の牽引に当たった。写真の列車は編成に二等車（現・グリーン車）を組み込んだ急行だ。
◎中央本線　富士見～青柳　1962（昭和37）年11月

乗車した電車がホームに入るのと入れ替わるようにして、D51形蒸気機関車けん引の貨物列車が、黒煙を吹き上げながら発車して行った。旧中央東線区間では甲府駅～上諏訪駅間が1964(昭和39)年に電化開業し、西線部分に先駆けて新宿駅からの鉄路が全て電化されていた。しかし、同区間へ乗り入れる貨物列車等には塩尻駅から東側へ続く運用があり、蒸気機関車の姿を見ることができた。◎中央本線　茅野　1969(昭和44)年3月

中央本線に昼行の普通客車列車が健在だった頃。新宿駅～松本駅間の他、松本駅から篠ノ井線に入り、長野駅まで運転する便もあった。列車には多様な形式が使用された。狭窓が並ぶスハ32系客車と思しき車両の隣に、急行列車用として製造されたスハフ42形を連結していた。所属区は東海道本線筋の車両基地、品川客車区(後の品川運転所　1999(平成11)年閉鎖)だった。
◎中央本線　茅野　1969(昭和44)年3月

旅客列車の先頭に立つEF13形電気機関車。第二次世界大戦下の1944（昭和19）年に製造された貨物用機関車である。新製時の姿は日本の電気機関車としては個性的な凸型車体を載せていた。戦時設計の性能を向上させるべく、昭和20年代末期から実施された２回目の改装工事で、EF58形電気機関車の初期型が載せていた箱形の車体に換装されていた。◎中央本線　茅野　1969（昭和44）年３月

勾配区間用の近郊型電車だった115系電車等が量産されるまで、中央本線では長距離運用に就く旅客列車を中心に客車が充当されて来た。列車のけん引に当たったのは貨物用のEF13形電気機関車等だった。同機は客車に暖房用の蒸気を供給するための蒸気発生装置（SG）を持たないため、冬季には暖房車を機関車の次位に連結していた。◎中央本線　茅野　1969（昭和44）年３月

岡谷市内を流れる天竜川を渡る旧型国電。クモハ54、クハ47等で組成したスカ色塗装の電車は、飯田線から乗り入れた列車だ。諏訪湖の界隈で中央本線の電化が進展すると、既存の電化路線でであった飯田線との間で電車の乗り入れが実施された。現在も茅野駅、上諏訪駅を始発終点として、飯田線内の駅とを結ぶ列車が設定されている。
◎中央本線　岡谷～下諏訪
1971(昭和46)年7月4日

諏訪湖から流れ出しで間もない天竜川を中央本線が上部トラス橋梁で跨ぐ。橋を渡る列車は特急「あずさ」。181系電車で運転していた時代である。同列車は中央本線初の特急として1966(昭和41)年に運転を開始した。運用に就く車両は、東海道本線の特急電車を手掛けた実績を持つ、田町電車区(現・東京総合車両センター田町センター)に所属する10両編成が充てられた。
◎中央本線　下諏訪～岡谷　1971(昭和46)年7月4日

1983（昭和58）年に岡谷駅〜塩尻駅間にみどり湖を経由する新線が開通し、辰野駅を経由する従来区間は特急列車が往来しない支線となった。普通列車の運転効率化を図り、同区間用に投入された電車が123形。1986（昭和61）年にクモユニ143形を旅客用車両に１両改造した。電動機１基を搭載し、単行で旧線区間の列車にに投入した。
◎中央本線　小野〜信濃川島　1990（平成２）年４月７日

新宿駅～松本駅間を結ぶ準急列車であった「アルプス」は、1960（昭和35）年に急行列車となった。急行へ格上げされた際に気動車化が図られ、準急用のキハ55形等が充当された。車両の正面にはホームベース形の本体に翼を想わせる意匠を左右に配したヘッドマークを掲出した。本体には青空と雪山が描かれ、列車種別と列車名を記載していた。列車名はカタカナと英語表記だった。
◎中央本線
1962（昭和37）年８月

行違う列車の窓から眺めた急行「アルプス」。新宿駅と篠ノ井線の松本駅を結ぶ列車だった。昭和20年代に運転していた夜行列車に付けた愛称が、列車名の始まりだった。1960（昭和35）年に気動車急行の名称となり、翌年には使用車両がキハ58形等の急行形気動車になった。以降、同系列の急行列車を統合して運転本数の多さから、中央本線の急行を代表する列車名となった。
◎中央本線　茅野
1969（昭和44）年３月

６条のレールが幾何学模様を織りなす山間駅の構内。電化前で架線等に遮られていない空の眺めがすがすがしい。贄川駅は明治時代の末期に国有鉄道中央東線（現・JR中央本線)の途中駅として開業。1978（昭和53）年には当駅～日出塩駅間が複線化された。片側の木曽平沢駅方は今日まで単線であり、当駅は本線の複線と単線区間の境界になっている。
◎中央本線　贄川　1971（昭和46）年６月17日

長編成の気動車急行が、待避線に停車する貨物列車を横目に通過して行った。木曽谷を北東、南西方向に横切る旧中央西線区間には、中京地区と長野、日本海沿岸に並ぶ新潟県下の都市を結ぶ主要経路として、多くの優等列車が運転されてきた。非電化路線であった時代には急行「きそ」「つがいけ」、名古屋～新潟間を結ぶ「赤倉」等がキハ58形等の急行形気動車で運転された。
◎中央本線　贄川　1971（昭和46）年６月17日

青空の下でかなりの時間に亘って停車して急行列車をやり過ごすと、ようやく機関車は動き始めた。荷が軽いのか、けん引機に負担が掛かるひき出しの間にも、煙突からは湯気のような薄煙が僅かに吐き出されただけだった。木曽谷の北端部に鉄道駅が設置された贄川は旧中山道の宿場町。前方のトンネルを潜れば、列車は塩尻の市街地へ続く桔梗ケ原に出る。
◎中央本線　贄川　1971(昭和46)年6月17日

待避線で発車時刻を待つのは貨物列車をけん引するD51形蒸気機関車。921号機は第二次世界大戦下の1943（昭和18）年製である。物資の倹約節約が叫ばれた風潮の中で、皇室下賜の青銅製花瓶を溶かし、再成形したものを同機の安全弁の部品に用いたといわれる。1952（昭和27）年に高崎第一機関区（現・高崎機関区）から木曽福島機関区へ転属し、1972（昭和47）年まで中央本線の運用に就いた。◎中央本線　贄川　1971（昭和46）年６月17日

奈良井川を渡る橋梁はレンガ積みの橋脚部分が歴史を感じさせる。塩尻駅～奈良井駅間が国有鉄道中央東線として開業したのは1909（明治42）年12月１日。贄川駅～奈良井駅間に木曽平沢駅が開業したのは同路線が全通して中央本線となった後の1930（昭和５）年６月５日だった。駅名に地域名を冠したのは、魚沼線の平沢駅と区別するためであった。魚沼線は1984（昭和59）年に廃止された。
◎中央本線　木曽平沢
1971（昭和46）年６月17日

D51形蒸気機関車が重連で貨物列車をけん引する。二機共、煙突には煙を排出する場所、量を制御する集煙装置を装着している。同装置はトンネルの多い中央本線で煙に燻される等、仕業時における乗務員の負担軽減策として重用された。中央本線の運用を多く受け持っていた木曽福島機関区に所属する機関車の多くは、国鉄長野工場（現・長野総合車両センター）で同装置の取り付けが施工された。
◎中央本線　木曽平沢
1971（昭和46）年6月17日

汗ばむ陽気の中。山脇に架かる短い橋梁の袂で列車を待った。森陰から規則的に奏でられるジョイント音と共に現れたのは、D51形蒸気機関車がけん引する貨物列車だった。編成中の貨車は多くが２軸の有蓋車で占められている。そこに無蓋車やタンク車が混結され、普段着姿の列車に変化を付けていた。上り方に向かって下り勾配が続く木曽谷の鉄路を、機関車はほぼ絶気状態で淡々と駆けて行った。
◎中央本線　木曽平沢
1971（昭和46）年６月17日

大糸線

雪中に建つ屋根に茅を葺かれた民家の傍らを客車列車が進んで行った。先頭に立つ小振りな蒸気機関車はC56形。1957（昭和32）年8月15日に中土駅～小滝駅間が開業し、大糸北線と南線が結ばれ、松本駅～糸魚川駅間を大糸線と改称した。糸魚川機関区（後の糸魚川地域鉄道部）所属のC12形、C56形が非電化区間だった信濃大町駅～糸魚川駅間で運用された。
◎大糸線　神城～南神城　1959（昭和34）年1月4日

雲の切れ間から射し込んだ陽光が、雪の積もった端山を美しく照らし出した。スキー場街を渡る風は穏やかで、客車列車をけん引するC56形蒸気機関車の煙突から煙は太く高く、ゆっくりとした調子で後方に流れて行った。北アルプスの麓に位置する白馬村だが今期の降雪は未だ少なめなのか、沿線に建つ民家の屋根に積もった雪は薄っすらとしていた。
◎大糸線　神城～南神城　1959（昭和34）年1月4日

重なる山並みが見下ろす田園地帯を、薄緑色に車体を塗った旧型国電が走り抜けた。集電装置を立てた先頭車両はクモハ60形電車。片側に運転台を備える電動制御車で1940（昭和15）年から1943（昭和18）年にかけて製造された。電動機の出力は同系車両のクモハ41形よりも約25％増強されており、白馬方面に勾配区間が控える大糸線に適した電車だった。
◎大糸線　信濃常盤～南大町　1977（昭和52）年６月９日

長野県中央部に広がる松本盆地。盆地内を縦断して流れる梓川の西側が、道の傍らに道祖神の碑が点在する安曇野である。四方に名峰がそびえる田園地帯を横切る路線は大糸線。松本駅から信濃大町駅に至る区間は大正時代に民間鉄道会社だった信濃鉄道が建設した。大正末期には松本駅～信濃大町駅間を電化し、路線が国有化された後は国鉄形電車が乗り入れた。
◎大糸線　安曇沓掛　1977（昭和52）年６月９日

大糸線の南部は安曇野の穏やかな田園風景が広がる平坦区間。しかし、北部は姫川の流れに沿って深い谷が続き、トンネルやスノーシェッドが連続する。厳しい沿線条件に対応すべく、糸魚川機関区（後の糸魚川地域鉄道部）に所属するC56形蒸気機関車には、煙突に集煙装置を取り付けたものがあった。白馬村内の勾配区間は未だ穏やか。機関車は薄っすらと煙を燻らせて沢沿いを進んだ。◎大糸線　南神城

大糸線では信濃大町駅～信濃四ツ谷（現・白馬）駅間が電化開業した後の1961（昭和36）年４月に列車の客貨分離が実施された。松本駅～信濃大町駅間の旅客列車はすでに電車化されていたが、北線部に残っていた客車列車は電車、気動車に置き換えられた。蒸気機関車が客車をけん引する汽車が、白馬山麓を仰ぎ見る景勝地でも昔語りになろうとしていた。
◎大糸線　神城～南神城　1959（昭和34）年１月４日

スキーのメッカとして知られる長野県白馬村。大糸線の南神城駅は村内の南部に設置されている。構内はのりばホームと線路1線の棒線構造。簗場駅方に白馬さのさかスキー場がある。C56形蒸気機関車がけん引する客車列車が走っていた時代でも、ホームで列車を待っていたのは長い板を抱えたスキー客だった。スキー場は現在も営業しているが、列車も乗客も現在とは姿形が大きく異なる。◎大糸線　神城～南神城　1959（昭和34）年1月4日

総武本線

1955(昭和30)年に休日運転の臨時快速「房総の休日号」が設定された。新宿駅～銚子電鉄外川駅間の運転で、列車はキハ45000(後のキハ17)形等の気動車で編成。千葉駅～成田駅～佐原駅～銚子駅と国鉄線内では成田線を経由した。正面の貫通扉に紺色の地へ列車名を白書きした、長方形の大型ヘッドマークを掲出した。
◎中央本線　水道橋～御茶ノ水
1955(昭和30)年9月11日

両国駅には千葉県下の主要路線が電化されてからもしばらくの間、気動車で編成した荷物列車が電車に交じって出入りしていた。荷物列車用として代用され、車体等に疲れた感が否めないキハ30形に挟まれた、やや小振りな車両はキユニ11形。キハ11形を郵便荷物合造車にした車両だ。改造された2両は当初、千葉気動車区に配置された。
◎総武本線　両国　1973(昭和48)年8月30日

東海道本線等の幹線に比べると運転区間が短く、輸送量も小さい電化路線では、郵便荷物列車を電車で運転していた。４両編成の先頭に立つクモハユ74形は、房総西(現・内房線)線木更津駅～千倉駅間の電化開業に際して、モハ72形を改造した車両。前照灯は増設した運転台の下へ配置して新形式の面立ちとなった。しかし三段上昇式の客席窓等に改造前の雰囲気を残している。
◎総武本線　錦糸町
1975(昭和50)年３月30日

両国駅を始発終点としていた東京と千葉県下の房総地区を結ぶ郵便荷物列車。幕張電車区に所属する郵便荷物電車が充当された。方向幕に房総半島の南端部に位置する千葉県館山市の館山駅を表示する荷電はクモハユ74形。72系電車の電動車モハ72に運転台を増設し、客室の一部を郵便荷物室に改造した旅客郵便合造車だ。客室部分を備えているが、営業列車で客扱いを行うことはほとんどなかった。
◎総武本線　両国
1973(昭和48)年８月30日

運転本数は僅かながらも、「あやめ」「すいごう」等の房総特急が発着していた頃の両国駅に停車するクモユニ143形。列車種別幕は「回送」を掲出しており、仕業を終えて所属区へ帰るまでのひと時か。1986(昭和61)年に国鉄路線で運転していた荷物列車は終焉を迎えたが、内房線、外房線では新聞輸送を行う郵便荷物電車を1996(平成８)年11月末日まで運転していた。
◎総武本線　両国
1986(昭和61)年11月27日

正月期間には、新宿駅と成田線成田駅を結ぶ臨時快速「成田山」が運転された。成田駅は不動明王信仰の拠点である千葉県成田市の名刹、成田山新勝寺の最寄り駅だ。当列車が運転を開始した頃、千葉駅以西の総武本線区間、成田線は未だ非電化路線であり、列車には製造されて間もないキハ45000（後のキハ17）形、45500(後のキハ16)形等の気動車が充当された。
◎総武本線　小岩～市川　1955（昭和30）年1月2日

高い築堤上の電化区間を走る千葉行きの旧型国電。総武本線は千葉駅までの区間が1935（昭和10）年に電化された。列車の先頭に連結されたモハ60（後のクモハ60）形電車は1940（昭和15）～ 1943（昭和18）年にかけて製造された車端部の片方に運転台を備える電動制御車である。戦時下で製造された車両は電装品等の調達が間に合わず、付随車代用として出場した。
◎総武本線　市川～小岩　1955（昭和30）年1月2日

80系電車で運転する成田山詣での臨時快速列車。1968(昭和43)年に成田線佐倉駅～成田駅間が電化され、都内から成田まで電車による通し運転ができるようになった。普段は入線する機会が少ない、田町電車区(現・東京総合車両センター田町センター)に所属する湘南色塗装の電車が思いがけず充当された。列車種別札や行先表示板は特に掲出していない様子だ。
◎総武本線　市川
1973(昭和48)年1月21日

165系の急行「鹿島」。1975(昭和50)年に成田線本線の成田駅～松岸駅間が電化開業し、東京駅～鹿島線鹿島神宮駅間にエル特急として「あやめ」４往復が設定された。同時に特急と補完する急行列車として「鹿島」２往復を設定した。なお、１往復は臨時列車だった。１往復の定期列車は1982(昭和57)年11月15日のダイヤ改正時に「あやめ」へ編入され、「鹿島」の列車名は消滅した。
◎総武本線　船橋～西船橋
1975(昭和50)年８月

総武本線の列車が乗り入れる地下ホームが東京駅に完成すると、夏の行楽期を中心に房総地区へ向けて臨時の快速列車が運転された。臨時快速「白い砂」は1972(昭和47)年に始めて設定された際は東京、新宿、両国駅と安房鴨川駅、勝浦駅を外房線経由で結ぶ列車だった。地下区間へ乗り入れることができる113系電車の1000番台車で運転した。
◎総武本線　西船橋～船橋
1975(昭和50)年８月

ブドウ色の電車に挟まれたスカ色塗装のサハ57形電車。第二次世界大戦前の1933（昭和８）～1941（昭和16）年にかけて47両が製造された。三か所ある乗降扉の間に幅の狭い木製枠の二段上昇窓が並ぶ。運転台を備えていない付随車は、戦前からの電化区間があった東海道本線、横須賀線等で電車の編成に組み込まれて運用された。
◎総武本線　市川　1953（昭和28）年11月28日

165系で運転する急行「内房」。昭和40年代には新宿・両国駅と安房鴨川駅間を内房線経由で結ぶ房総地区の主力列車だった急行「うち房」は、1972（昭和47）年に同地区で急行列車の循環運転が始まると廃止された。その後1975（昭和50）年に循環列車が廃止されると、内房線を行き来する急行列車は３往復が設定され、「内房」の列車名で復活を遂げた。
◎総武本線　船橋～西船橋　1975（昭和50）年８月

緩行電車と擦れ違う特急「しおさい」。総武本線は1975（昭和50）年３月10日に全区間の電化が完成。それに伴い気動車で運転していた急行「犬吠」５往復を電車に置き換え、東京駅～銚子駅間の特急「しおさい」として運転を開始した。入道雲が湧き立つ夏空の下、国鉄特急色をまとった当時の新鋭車両183系が海辺の町へと走って行った。上部の高架橋は京成本線。
◎総武本線　西船橋～船橋　1975（昭和50）年８月

113系電車1000番台車で運転した臨時快速列車の「白い砂」。小振りな逆台形のヘッドマークを掲出していた。運転の初年度には3か所が設定されていた都内の始発終点駅は、2年目の運転となった1973(昭和48)年に東京駅へ集約された。後に大船駅、逗子駅等、横須賀線方面に同名の列車が運転された。右側の単線の線路は東武野田線。
◎総武本線　船橋
1975(昭和50)年8月

東京駅～品川駅間地下線開業の祝賀ヘッドマークを掲出した総武本線の快速電車。横須賀線の列車増発を図るべく、東海道本線との共用区間だった東京駅～大船駅間を別線とし、線路が過密状態だった東京駅～品川駅間の地下区間へ新線を建設した。また東京駅の地下ホーム開業で、総武本線の快速電車が同駅への直通乗り入れを果たした。
◎総武本線　船橋
1976(昭和51)年10月1日

165系電車で運転する急行「みさき」。1本の列車で新宿駅、両国駅を起点終点とし、総武本線〜外房線〜内房線〜総武本線の経路で房総地区を一周する循環列車だった。途中、外房線と内房線の分岐である蘇我駅には2度通過した。外房線蘇我駅〜安房鴨川駅間の電化開業で、1969(昭和44)年に廃止されていた「循環列車」が電車で復活した。
◎総武本線　船橋　1972(昭和47)年8月

快速線と緩行線の並行区間を行く特急「さざなみ」。183系電車は総武本線の快速線となった東京駅〜錦糸町駅間の新規開業と、房総西(現・内房)線蘇我駅〜安房鴨川駅間の電化開業を機に、急行列車から格上げして新設した特急列車用に新製された。地下区間への乗り入れに対応して、当時の運輸省(現・国土交通省)通達で定められたA-A基準に準じた設計、装備を持つ。
◎総武本線　船橋　1972(昭和47)年8月3日

総武本線の高架区間を走る301系電車。中央・総武緩行線と帝都高速度交通営団（現・東京地下鉄）東西線の相互直通運転に際し、国鉄(現・JR東日本)が導入した通勤形車両だ。国鉄形の車両としては始めて、車体にアルミニウム合金を本格採用した。登場時の車体は無塗装だった。また地下区間への乗り入れに対応して、制御車両の前面に貫通扉を設置した。
◎総武本線　西船橋～船橋
1972（昭和47）年８月３日

津田沼駅始発の房総ローカル113系。先頭車は同系列の先行投入車両だった111系に属するクハ111だ。房総地区における113系は房総西（現・内房）線の電化進展に対応すべく、津田沼電車区（現・習志野運輸区）に1000番台車が新製配置されたのが始まり。その後、周辺路線の電化進展に伴い運用範囲を広げた。
◎総武本線　津田沼
1972（昭和47）年８月３日

高架ホームに停車する201系の試運転列車。すでに中央本線で快速列車に充当されており、増備車両が続々と出場していた時期だった。同形式の製造は1985（昭和60）年まで継続され、総数は1,018両におよんだ。その間にもチョッパ制御器の機種変更や軽装車両の製造等、国鉄末期の厳しい財政下で仕様の変更が行われた。
◎総武本線　稲毛
1982（昭和57）年６月21日

各地で鉄道開業100周年の記念行事が行われた1972（昭和47）年。当時、新津機関区(現・　新津運輸区)に在籍していたC57形1号機は佐倉機関区へ貸し出され、９月30日、10月１日の二日間に亘り、記念列車「なつかしのSL号」として千葉駅～銚子駅間で旧型客車をけん引した。下り列車は総武本線。帰路は成田線を経由して運転した。
◎総武本線　1972（昭和47）年10月１日

国鉄（現・JR東日本）の佐倉駅は千葉県の中央部に位置する佐倉市の鉄道拠点。当駅で総武本線と成田線が出会う。千葉方面への通勤路線上にあり、非電化時代より日中の普通列車に気動車が台頭した時代から、朝夕の通勤、通学列車を中心に客車列車を運転していた。動力近代化の推進により、昭和40年代に入るとけん引機は蒸気機関車からディーゼル機関車に置き換えられた。
◎総武本線　佐倉

国鉄路線の電化が完成するまでは多種多様な気動車が在籍し、気動車王国と称されていた千葉県下の房総地区。1966（昭和41）年に長距離区間を運転していた準急が急行に昇格すると、キハ55形等、それまで準急列車に充当されていた車両が、普通列車で使用される様子を見る機会が増えていた。残暑の折、非冷房車の客室窓はほとんどが開けられていた。
◎総武本線　日向　1973（昭和48）年9月2日

房総地区を通る路線の多くが非電化であった時代、蒸気機関車がけん引する客車列車から輸送の任を引き継いだのは、昭和20年代後半から本格的な量産が始まった、液体式変速機を備えた近代形の気動車群だった。キハ30形、キハ35形はロングシートを備えた通勤仕様の車両。沿線住民は東京で国電に乗るのと同様に身近な足という感覚で、気動車列車を利用した。
◎総武本線　日向　1973（昭和48）年9月2日

成田線

成田駅と常磐線の我孫子駅を結ぶ成田線の我孫子支線は、1973（昭和48）年９月28日に電化開業した。電化を祝して普段は入線する機会がなかった165系電車で編成した臨時列車が運転された。列車の正面には周辺に装飾を施し、「祝 電化完成 成田線」と記載した逆三角形形状のヘッドマークと国旗を掲出した。電動車ユニットに制御車を加えた３両編成を２つ連結した６両で運転した。
◎成田線　成田
1973（昭和48）年９月28日

小高い築堤上を走る客車列車の最後尾には荷物車が連結されていた。昭和40年代の中頃、成田線我孫子支線で旅客列車の主力は気動車だったが、通勤時間帯等に旧型客車を使用した客車列車を運転していた。無煙化後はDE10形ディーゼル機関車がけん引した。同区間の電化開業で客車列車は気動車共々、72系等の電車に置き換えられた。
◎成田線　木下
1973（昭和48）年９月16日

電化工事が完成した我孫子支線で試運転を行う72系電車。列車種別表示に試運転を表す「試」と記された札を入れていた。また、行先表示板等が入る運転席下の枠には内房線の保田駅と記載した表示板が逆さまに差し込まれていた。電車が停車してから程なく、反対方向より定期列車の気動車入線。思いがけない通勤形車両同士の邂逅だった。
◎成田線　布佐　1973(昭和48)年9月16日

昭和40年代の前半までは県下を走る国鉄路線の多くが非電化路線であった千葉県。旅客輸送には新型気動車が次々に投入され、気動車王国と呼ばれていた。電化開業を控えて、すでに架線が張り巡らされていた本線上を、異なる世代の車両を連結した気動車列車が行く。編成２両目のキハ18形は運転台、水回り施設を持たない中間車。普通列車用の車両としては、当時から特異な存在だった。
◎成田線　小林～安食

電化開業を目前に控え、72系電車が試運転を繰り返していた成田線。我孫子駅～成田駅間は1973（昭和48）年９月28日に電化開業した。都内を行き交う路線で運用されていた72系等の旧性能電車が、新たに投入された101系等に押し出されるかたちで、千葉管内にやって来た。車体塗装は原色のブドウ色をまとっていた。
◎成田線　木下
1973（昭和48）年９月16日

外房線

特急「わかしお」の運転初日。千葉駅で出発式が執り行われた。快速線の開業による総武本線の複々線化。外房線蘇我駅～安房鴨川駅間の電化を祝した装飾板を新たな特急列車に充当された183系が掲出していた。祝賀気分が溢れる外房線のりばから少し離れた総武本線のホームには、旧型客車が停車して都市部に未だ残るいにしえの香りを漂わせていた。
◎外房線　千葉
1972（昭和47）年７月15日

内房線蘇我駅～安房鴨川駅間の電化開業に伴い、房総地方を一周する循環列車が急行として設定された。総武本線～内房線～外房線の順に反時計回りで運転する列車を「なぎさ」。総武本線～外房線～内房線経由の時計回りで運転する列車を「みさき」とした。「みさき」の館山駅～安房鴨川駅間は普通列車扱いだった。各列車には165系電車が充当された。
◎外房線　千葉
1972（昭和47）年７月15日

急行「そと房」。昭和30年代に千葉県内の房総東(現・外房)線、房総西(現・内房)線、総武本線に準急列車が設定さた。列車名は全て「房総」とされたが、誤乗車防止の措置としてカッコ書きで路線ごとの列車に異なる副名称が付けられた。房総東線の安房鴨川駅とを結ぶ列車は外房(当時の読みは「がいぼう」)とされた。
◎外房線　鎌取～誉田
1972(昭和47)年7月9日

夏の海水浴期になると、千葉方面から房総半島の沿岸部に点在する海水浴場へ向けて行楽列車が運転された。管内の車両基地に所属する気動車だけでは列車を賄いきれず、他の地域から予備車を借り受けるのが常であった。同時期にはすでに他路線へ配置が決まっている新製車両を、配置前に房総地区の路線へ入れて営業運転に供したこともあった。
◎外房線　鎌取～誉田
1972(昭和47)年7月9日

電化開業を控えて試運転を行う113系。沿線に茂みが続く単線区間を行く。誉田(ほんだ)駅の周辺は、内房線と外房線が集まる蘇我駅の近郊。沿線風景は現在、新興住宅街に装いを変えているが、線路周辺には思いのほか木々の緑が残されている。誉田駅～土気駅間は1973(昭和48)年。鎌取駅～誉田駅間は1974(昭和49)年に複線化された。
◎外房線　鎌取～誉田
1972(昭和47)年7月9日

1965（昭和40）年に「外房」の読みを「かいぼう」から「そとぼう」に改めた。翌年には運転距離が100kmを超える列車を急行列車とする規定に基づき、「外房」は準急から急行列車に格上げされた。列車はキハ28形、キロ28形等の急行形気動車で編成した。さらに1968（昭和43）年には臨時急行「そとうみ」を同列車に統合し、列車名表記を「そと房」とした。
◎外房線
1972（昭和47）年４月23日

行川(なめがわ)アイランド駅は1970（昭和45）年に臨時駅として開業。動植物園を備える観光施設であった行川アイランドの最寄り駅として設置された。駅は旧国鉄の分割民営化時に常設駅に昇格。行川アイランドが閉園した後も、今日まで同様の駅名で営業を続けている。ホームから上総奥津駅方を望むと、木々の間から183系の特急「わかしお」が現れた。
◎外房線　行川アイランド
1979（昭和54）年４月15日

外房線は1972（昭和47）年７月16日に電化開業し、全区間の電化が達成された。コンクリート製の太い架線柱は、昭和40年代に電化された路線らしい設えだ。同路線で運転していた気動車による普通列車は電化以降、72系や101系等の通勤形電車に置き換えられた。千葉市周辺の通勤圏が従来より東、南側に拡大されつつある時代だった。
◎外房線
1972（昭和47）年４月23日

東金線

電化工事が完了した東金線を行くキハ35形等の気動車列車。月末には電車への交代が予定されていた。千葉県の中央部を南北に走り、路線の両端駅で外房線、総武本線と結ぶ当路線は、高度経済成長下で沿線の宅地開発等が進むにつれ、通勤路線としての役割が強くなっていった。非電化時代より片側に乗降口を３か所備える通勤形気動車が投入されていた。
◎東金線　成東
1973（昭和48）年９月２日

外房線の大網駅と総武本線の成東駅を結ぶ東金線。路線名は沿線の町である東金市に由来する。全線の電化開業は1973（昭和48）年９月28日。掲載した写真は電化工事が完成した、電化開業直前の様子だ。電化後も貨物列車はDE10形ディーゼル機関車がけん引した。蒸気機関車が健在だった昭和40年代前半までは、8620形が路線内の列車をけん引していた。
◎東金線　成東
1973（昭和48）年９月２日

内房線

電化開業当初、72系電車等の旧型車両で運転していた内房線の普通列車は、昭和40年代半ばに新性能の近郊形電車113系に置き換えられた。1971(昭和46)年に末端区間の千倉〜安房鴨川間が電化されると同車両は増備され、他の車両基地から転属する車両もあった。その中には工場へ入場するまでの間、前の所属区が受け持っていた路線の車体塗装で運転する車両があった。
◎内房線　保田　1975(昭和50)年8月3日

房総西(現内房)線、房総東(現・外房)線の電化が完成すると、それまで気動車で運転していた急行列車は電車に置き換えられた。153系、165系等が小振りなヘッドマークを貫通扉に掲出して房総半島の南端部となる館山、安房鴨川まで運転した。気動車時代より親しまれた房総急行は1982(昭和57)年11月15日のダイヤ改正を以て全廃され、その役割は特急に引き継がれた。
◎内房線　保田　1975(昭和50)年8月3日

簡潔な意匠の小型ヘッドマークを掲出した快速「青い海」。東京地区と房総地区を結ぶ臨時の速達列車として1972（昭和47）年の房総地区夏季ダイヤで設定された。当初は東京駅を始発終点とする便のみだったが、運転年によって品川駅、両国駅や、普段は房総地区へ向かう列車は運転されない中央本線新宿駅、横須賀線久里浜駅発着の列車が設定された。
◎内房線　保田　1975（昭和50）年8月3日

【著者プロフィール】

長谷川明（はせがわ あきら）

1934（昭和9）年東京生まれ。1956（昭和31）年東京都立大学卒業
大学時代より「東京鉄道同好会」、「交通科学研究会」を経て「鉄道友の会」に入会。同会東京支部委員、本部理事・監事を経て、現在は参与。1950年代初期から民間会社勤務の傍ら、鉄道車両の撮影・研究を開始し現在に至る。著書等として、ネコ・パブリッシング「RMライブラリー」にて「1950年代の戦前型国電」上・中・下巻、「私鉄買収国電」、「1950年代の関西私鉄散歩」フォト・パブリッシング「京成電鉄、新京成電鉄、北総鉄道の写真記録（上・中・下）」など。電気車研究会「鉄道ピクトリアル」誌に、旧型国電・京成電鉄関係の記事・写真掲載多数。フォト・パブリッシング『外房線 街と鉄道の歴史探訪』、『総武本線、成田線、鹿島線 街と鉄道の歴史探訪』等に写真提供多数。

牧野和人（まきのかずと）

1962（昭和37）年三重県生まれ。京都工芸繊維大学卒業。写真家。
幼少期より鉄道の撮影に親しむ。2001（平成13）年より生業として写真撮影、執筆業に取り組み、撮影会講師等を務める。全国各地へ出向いて撮影し、時刻表・旅行誌・趣味誌等に作品を多数発表。著書多数。

長谷川明がカラーポジで撮った
1950年代～80年代の
国鉄情景
東日本編 下巻（東海道・中央・総武）

2023年11月8日　第1刷発行

著　者……………………写真：長谷川明　解説：牧野和人
発行人……………………高山和彦
発行所……………………株式会社フォト・パブリッシング
〒161-0032　東京都新宿区中落合2-12-26
TEL.03-6914-0121　FAX.03-5955-8101
発売元……………………株式会社メディアパル（共同出版者・流通責任者）
〒162-8710　東京都新宿区東五軒町6-24
TEL.03-5261-1171　FAX.03-3235-4645
デザイン・DTP ………柏倉栄治（装丁・本文とも）
印刷所……………………株式会社シナノパブリッシングプレス

ISBN978-4-8021-3412-5 C0026

本書の内容についてのお問い合わせは、上記の発行元（フォト・パブリッシング）編集部宛てのEメール（henshuubu@photo-pub.co.jp）または郵送・ファックスによる書面にてお願いいたします。